辽宁省职业教育"十四五"首批规划教材

民航空中乘务专业系列教材

FLIGHT SERVICE SERIES

第6版

空乘服务沟通与播音技巧

刘晖 梁悦秋 编著

北京·旅游教育出版社

民航空中乘务专业系列教材
编委会

主　任：高　宏

副主任：李　勤　　黄永宁　　姚红光　　杨　静

编　委：（以姓氏拼音为序）

安玉新	陈丹红	陈晓燕	陈振宇
成宏峰	程　茜	池锐宏	崔祥建
邓彦东	顾　骧	郭　蓓	韩　蕊
韩晓娜	何　蕾	何云画	洪　涛
黄建伟	黄　婧	黄天吉	贾丽娟
亢　元	李　程	李广春	李民田
李　仟	李永平	梁定召	梁悦秋
林　扬	刘　晖	刘英子	柳迪善
罗　丹	聂建波	彭飞扬	石　慧
苏雅靓	孙露铭	唐小燕	田　宇
王　傲	王化峰	王　娜	吴　菁
吴啸骅	向俊峰	向　前	谢小楠
熊　莹	薛兵旺	闫　华	杨　柳
杨　玮	余明洋	袁圣兰	张彩霞
张　晶	张　澜	张　丽	张晓明
郑大莉	郑　巍		

修订说明

  民航空中乘务专业系列教材依据中国民航局关于空乘人员的素质、知识结构、能力要求开发和编写。作为全国首套针对空中乘务专业较为完善的系列教材，从2006年规划之初就一直坚持"探索教材体系、服务专业发展，创新教材内容、引领专业趋势"的指导思想。经过十几年的使用，本套教材得到了相关院校一线教师的充分肯定，获得了很好的口碑，对我国空中乘务专业的建设与人才培养发挥了重要作用。

  我们欣喜地看到，在过去的十几年中，我国空中乘务专业办学层次不断提升，人才培养的内涵不断丰富，培养体系更加科学，在专业建设与教学改革方面取得了长足的进步。可以说，我国的空中乘务专业已经步入成熟发展时期。

  此间，我们一直密切关注民航服务的实践，动态跟踪空中乘务专业的国内外发展趋势，不断深化对民航服务专业教育的认识。为适应未来民航服务国际化对人才培养的新要求，继续发挥本套教材在我国空乘服务专业教育的引领作用，完善教学体系和教学手段、丰富教学内容，提高教学的效率与质量，我们就教材在专业建设与人才培养中的实际效果以及毕业生在实际工作岗位上的职业发展进行了调研，在此基础上我们多次组织了工作在专业建设一线的空乘服务专业专家、教师对教材进行了修订，力图在教材的科学性、前瞻性和实用性方面有所创新，使这套空中乘务专业系列教材在未来的专业建设与人才培养方面发挥更大的作用。

  本次教材修订我们主要遵循了以下原则：

  1. 体现现代民航服务发展的趋势。《"十四五"民用航空发展规划》的发布全面开启了我国多领域民航强国建设的新征程。随着智慧民航建设新局面的拓展，民航服务学科的核心概念与外延正发生着变化。作为教材，必须反映这一发展趋势，摒弃传统的概念与思想，将智慧民航、绿色民航、民航安全等要素融入教材中，以发挥教材的导向作用，使教材的整体脉络更加科学、更具有前瞻性。

  2. 提升教材的学科内涵。现今的空乘服务教育已从普通的专科教育为主，逐步走向本专科教育并存的格局，侧重点也开始从服务技能教育逐步向专注人才核心能力转变，学科的内涵逐渐凸显。为此，在本系列教材修订中我们适当融入了本科教学的理念，让教学内容更加体系化和饱满。

3. 教材编排模式向项目-任务式转变。 项目-任务式教学模式是基于工作过程和岗位任职能力生成需要，把学习内容转化为以项目为载体、以任务为牵引的教学方式。通过强化学习者的主体地位，使学习者在完成任务的过程中，以体验、互动、合作的学习方式，感悟知识应用，形成技能技巧。这种方式更适用于职业教育教学的开展和教学目标的实现。

4. 理论与案例结合，着力于培育整体服务思想体系。 空乘服务专业实践性很强，服务涉及的情境复杂，服务的艺术性凸显，教与学问题突出，理论的引领更需要案例的配合。为此，在本套教材修订过程中，除了进一步完善教材理论内容体系，还特别增加了案例的数量，并及时将最新的案例编入教材中，以为读者提供一个更为广阔的民航服务的"崭新空间"。

5. 从传统纸质教材向多媒体融合教材方向发展。 我们在纸质教材的基础上，协同作者开发了配套的音频、实训视频、教学微课、延伸阅读、互动自测等多种形式的数字融媒体资源，并借助云存储及二维码链接技术进行线上呈现，极大丰富了课堂教学的形式，也更便于学习者自学。

6. 将课程思政有机融入，强调"立德"与"树人"并举。 通过设定"素质目标"，或引入相关思政案例材料，来丰富教材的思政元素。

本套教材目前共有20个品种，涵盖了民航空中乘务专业的专业基础课、专业核心课及某些实训课，并在此基础上向航空运输大类方向有所拓展。另外，我们还策划出版了"现代航空物流管理系列教材"，可供学校根据专业方向进行选用。

高质量空乘服务人才的培养需要建立在科学的培养模式、学科建设、规范的课程体系以及合理的课程内容与有效的教学方法基础上。希望本套教材的修订再版能在优化民航空中乘务及相关专业培养方案、完善课程体系、丰富课程内容、传播交流有效教学方法方面尽一份绵薄之力。

对于教材使用中的问题，我们衷心希望能够得到广大师生的积极反馈及专家学者的批评指正，我们会全力以赴地不断提升教材的品质，以回报给予我们大力支持的广大师生。如有建议或疑问，欢迎发邮件至wytep@126.com。

旅游教育出版社

第 6 版前言

随着社会经济的飞速发展和全球经济的一体化，航空业竞争越来越激烈，航空硬件这一制胜法宝的优势正在减小，单纯的微笑也不再是百病通治的灵丹妙药；乘坐飞机不再是身份和地位的象征，乘机旅行在我国已开始大众化，这些情况都给空中乘务人员提出了新的挑战。

作为空乘人员，你的笑脸问候也许不会迎来一句"谢谢"，飞机晚点、交通管制等状况带来的负面情绪会被乘客带上飞机，你的服务处处被挑剔……人与人之间的交流中有太多太多的误解，这就要求我们在为旅客服务时要尝试架设一座沟通的桥梁，去站在旅客的角度看待我们的工作。旅客乘机购买的产品不仅是实物产品——航空器上某一座位在某一时间的使用权，更包括无形的产品——服务。旅客乘机需要的是安全、舒适、便捷、开心。一杯热水、一句温馨的祝愿、一个真诚的眼神、一个得体的鞠躬、一个善意的解释、一份贴心的换位思考，都可以成为沟通的基石。

实际上，客舱服务作为民航服务的直接窗口，服务质量的提高一直是人们关注的焦点。而客舱服务沟通和播音是提升客舱服务的很重要的方面。本书即在这一领域进行了探索和尝试。

本书从实训视角展开编写，分空乘服务沟通与播音技巧概述、客舱服务语言基础训练、客舱播音表达专项训练、客舱沟通专项技能训练、空中服务沟通与播音综合技能训练五个单元由浅入深进行论述，每单元后面都配有相应的训练内容，充分体现实训性。在后记中笔者也从空乘人员面试考官的角度提出了一些对空乘服务的思考。

本次第 6 版修订，每单元增设了知识目标、技能目标和素质目标，对第一单元模块三、第三单元模拟练习、第三单元模块二、第五单元模块二等一些章节进行了修订和补充完善，增加了新的案例、乘机小贴士、广播词，同时还替换更新了部分图片。

本书配有音频和视频资源，均以二维码形式在书中呈现，读者可扫码即听即看。音频资源涵盖"第二单元　客舱服务语言基础与训练""第三单元　客舱播音表达专项训练"和"第五单元　空中服务沟通与播音综合技能训练"中的普通话发音训练及不同情境下的中英文广播词，共计 20 组音频，时长约 4 小时 20 分钟；视频资源则针对第一单元中"客舱服务实施阶段"录制了 9 段实训演示视频，方便教学观摩。

感谢沈阳航空航天大学民航学院王娜副教授在视频制作过程中的大力支持！感谢民航学院常锐涵、张婉清、王君扬、宋芯阁、于远航、董子涵、孙颢纯、徐浩然、张耘赫、彭诗博、胡北、刘守锐、王冉、张雨琳等同学协助拍摄图片！感谢经济与管理学院研究生吴未、赵芷柔，本科生马国田、王佳鑫、胡晓丹、韩昕树、潘怡含等同学在本版修订中给予编者的协助，尤其是韩昕树、潘怡含同学帮助收集整理了新案例资料。

本书适用于中高等院校空乘相关专业方向的专业课训练以及社会办学的准空乘人员培训，以安排 32 学时教学为宜。

刘　晖

于沈阳航空航天大学

2022 年 10 月

目 录

二维码教学资源列表 ·· V

第一单元 空乘服务沟通与播音技巧概述 ·· 1
　模块一　空乘服务概述 ·· 2
　　一、客舱服务概述 ··· 2
　　二、空乘职业要求 ··· 6
　模块二　空中沟通概述 ··· 15
　　一、沟通内涵及其影响因素 ··· 15
　　二、飞机客舱沟通要领 ··· 18
　模块三　空中服务沟通与播音概述 ··· 24
　　一、客舱表达基本用语 ··· 24
　　二、空中播音的特殊性 ··· 29
　　三、涉外服务与礼仪规范 ·· 31
　[乘机常识1] 乘客乘坐飞机前应做哪些准备工作 ··· 32
　[乘机常识2] 空乘人员为什么在飞机起飞前做氧气面罩的使用示范 ··············· 33

第二单元 客舱服务语言基础与训练 ·· 39
　模块一　客舱语言基本技巧 ·· 39
　　一、客舱语言基本技巧 ··· 40
　　二、客舱语言基础训练内容及注意事项 ·· 45
　模块二　语言基础发音训练 ·· 46
　　一、声母发音训练 ··· 47
　　二、韵母发音训练 ··· 54

· I ·

三、声调发音训练 …………………………………………………… 58
　　四、语流音变发音训练 ……………………………………………… 61
[乘机常识 3] 孕妇、老人、婴幼儿不宜乘坐飞机 ………………………… 75
[乘机常识 4] 近期动过手术、中耳炎患者最好避免乘坐飞机 …………… 76

第三单元　客舱播音表达专项训练 …………………………………… 85

模块一　播音的要求与技巧训练 ………………………………………… 86
　　一、播音的要求与技巧 ………………………………………………… 86
　　二、语言表达外部技巧训练 …………………………………………… 88
　　三、语言表达内部技巧训练 …………………………………………… 91

模块二　客舱播音的要求与技巧 ………………………………………… 97
　　一、客舱播音的类型 …………………………………………………… 97
　　二、常用的客舱广播词播音训练 …………………………………… 103

[乘机常识 5] 乘机安全注意事项 ………………………………………… 115

第四单元　客舱沟通专项技能训练 …………………………………… 121

模块一　客舱有效口语沟通 …………………………………………… 122
　　一、客舱沟通类型 …………………………………………………… 122
　　二、客舱口语沟通训练 ……………………………………………… 124

模块二　客舱非语言沟通 ……………………………………………… 137
　　一、微笑训练 ………………………………………………………… 138
　　二、其他身体语言 …………………………………………………… 140

模块三　客舱专项沟通训练 …………………………………………… 144
　　一、真诚的关怀——客舱服务的真谛 ……………………………… 145
　　二、登机沟通训练 …………………………………………………… 147
　　三、客舱交流训练 …………………………………………………… 148
　　四、飞机延误时的沟通训练 ………………………………………… 149
　　五、客舱十项涉及安全的沟通事项 ………………………………… 150

[乘机常识 6] 如何让机上旅行更舒适 …………………………………… 152

第五单元　空中服务沟通与播音综合技能训练 ……………………… 155

模块一　空中服务沟通内在素质训练 ………………………………… 156

一、客舱安全常识 …………………………………………… 156
　　二、急救常识 ………………………………………………… 159
　模块二　空中服务特殊沟通技巧训练 ………………………… 167
　　一、用爱心和智慧去扮演旅客所需要的角色 ……………… 167
　　二、特殊情况下的沟通技巧训练 …………………………… 170
　　三、紧急情况下的沟通与播音训练 ………………………… 181
　　四、客舱服务与沟通的发展趋势 …………………………… 182
　［乘机常识 7］如何避免和减轻晕机症状 …………………… 188

附录　其他国家航空公司客舱服务特点概述 ………………… 193

后记　服务意识高于一切 ……………………………………… 195

二维码教学资源列表

资源类型	资源内容			所在页码	所在单元
视频	客舱服务实施阶段实训演示	01 登机迎客 02 引导入座 03 应急出口处座位说明 04 起飞前客舱检查 05 发放报刊 06 提供餐食 07 餐具回收 08 回收报刊 09 滑行阶段广播		4~5	第一单元
音频	客舱服务常用表达及广播词示例	01 客舱服务常用礼貌用语15句（中英对照）		26~27	第一单元
		02 常见广播词示例	2-1 一般登机广播词 2-2 运动会代表团欢迎词 2-3 新年欢迎词 2-4 乘务服务广播词	29~30	
		03 客舱服务常用英语单句	3-1 起飞前 3-2 飞行中 3-3 紧急情况	42~44	第二单元
	语言基础发音训练	04 声母发音训练	4-1 分清 zh、ch、sh、z、c、s 和 j、q、x 4-2 分清 n 和 l 4-3 分清 f 和 h 4-4 分清 j、q、x 和 z、c、s 4-5 分清 r 和 l、y、n 4-6 分清 b、d、g、j、z、zh 和 p、t、k、q、c、ch	47~54	第二单元
		05 韵母发音训练	5-1 分清前后鼻韵母 5-2 分清宽窄复韵母、鼻韵母 5-3 分清展唇、圆唇韵母	54~58	
		06 声调发音训练		58~61	
		07 语流音变发音训练	7-1 轻声发音训练 7-2 变调发音训练 7-3 儿化发音训练 7-4 语气词"啊"的音变训练	61~75	
		08 语音练习一	8-1 声母训练 8-2 韵母训练 8-3 声调训练 8-4 音变练习	77~79	
		09 语音练习二	9-1 声母训练 9-2 韵母训练 9-3 声调训练 9-4 音变练习	79~84	

续表

资源类型	资源内容			所在页码	所在单元
音频	语言表达外部技巧训练	10 重音、停连的练习		89~90	第三单元
		11 语气、节奏的练习		91	
	语言表达内部技巧训练	12 情景再现练习		92~93	
		13 平翘舌发音、吐字练习		93~96	
	客舱播音训练	14 不同类型的客舱播音	14-1 迎、送致辞 14-2 客舱安全介绍 14-3 航线及注意事项介绍 14-4 景色风光导入 14-5 特殊情况播音 14-6 节日活动播音	97~101	
		15 国内航班（全程）广播词（汉英对照）	15-1 欢迎词 15-2 起飞后广播 15-3 餐前广播 15-4 意见卡 15-5 预定到达时间广播 15-6 下降时安全检查广播 15-7 到达终点站 15-8 旅客下飞机广播 15-9 延误后落地广播 15-10 夜间飞行 15-11 首航欢迎词	103~109	第三单元
		16 更多补充广播词	16-1 客舱安全检查 16-2（起飞前）再次确认 16-3 客舱介绍及供餐广播 16-4 落地前20分钟时间提示广播	110~113	
		17 民航常用英语单词		113	
		18 名胜播音练习	18-1 故宫 18-2 东方明珠广播电视塔 18-3 沈阳	117~118	
		19 播音练习（中英对照）	19-1 欢迎词 19-2 下降前广播 19-3 降落后广播 19-4 健康提示	118~120	
		20 紧急脱险播音训练	20-1 紧急迫降通知 20-2 提示旅客取下身上尖锐物品 20-3 安排客舱脱离区域 20-4 介绍防冲击安全姿势 20-5 从乘客中寻找援助者	181~182	第五单元

第一单元
空乘服务沟通与播音技巧概述

单元导读

本单元主要介绍了空乘工作的内涵、客舱沟通的要领、常用语言及空乘人员的素质要求等,使学生对客舱沟通和播音有一个大体的了解,为后面单元的训练打下良好的基础。

学习目标

知识目标:了解我国民航业客舱服务沟通的特点以及对客舱服务人员的要求;了解我国民航业客舱服务和播音与民航业品牌之间的相互关系。

技能目标:了解客舱服务沟通与播音的语言基本要求,熟悉客舱服务沟通的基本服务礼仪规范。

素质目标:了解新时代民航服务沟通的重要意义,激发时代赋予的使命感、责任感,自觉将个人礼仪规范融入组织文化中,上升到国家民航业品牌形象建设。

模块一 空乘服务概述

一、客舱服务概述

（一）空乘职业的特点

在明确空乘职业的特点与素质要求之前，首先我们应先了解空乘人员的定义。空乘，即空中乘务员，也就是飞机上为旅客服务的人员。空乘职业是一种特殊的服务行业，由于其在高空作业，具有高收入、高付出、高风险、高规范、高封闭等职业特点，加之我国民航多年来国有垄断的性质，使得这一行业充满了神秘色彩，特别是高收入的吸引使空乘工作成为成千上万女孩子梦寐以求的职业。但这个职业要求从业人员要具备良好的职业道德、得体的形象与举止、丰富的文化底蕴和一定的服务技巧。特别是随着飞机出行的普及化，空乘人员面对的客舱情况更为复杂，对空乘人员的应变能力要求显著提高，沟通协调能力和亲和力更是成为空乘人员不可缺少的基本素质。

（二）客舱服务的主要内容

客舱服务包括沟通、卫生、广播、餐饮、娱乐五个方面。沟通主要是指乘务员应使用礼貌用语、热情迎送、耐心引导、主动帮助旅客安排座位及随身携带物品。起飞前要检查头顶行李箱是否关好，介绍紧急设备的使用方法及注意事项，乘务长应向旅客做自我介绍。

平稳航行中要进行服务沟通，做好餐饮服务，广播介绍航线主要地标、名胜古迹及地理情况。

一般来说，飞行时间超过2小时且正值供餐时间（6:30~8:30，11:30~13:30，17:30~19:00）或飞行时间超过3小时，必须供应正餐；飞行时间超过1.5小时且非供餐时间或飞行时间超过2小时，必须供应点心。饮料品种要多样化并配备冷热饮。

此外，客舱服务还包括提供杂志和当天或前一天的中外文报纸（人手一份），机上录像（内容要轻松、活泼、健康并每月更换一次）及保安、清洁卫生等事项。现代交通运输业的激烈竞争对客舱服务的规范化、个性化提出了很高的要求。

（三）工作程序

熟悉空乘工作程序能够帮助我们更好地了解其服务的特点。

1. 预先准备阶段

飞行前一天下午到公司准备室进行飞行前准备，在准备会上要明确第二天的航班的起飞时间、机型、航班号、机号、机长姓名、乘务组人员、航线数据等各个方面的资料。乘务员在执行任务时必须携带登机证、乘务员执照、健康证，同时需携带乘务员手册、广播词及其他服务用品。

这个阶段要求乘务员熟练掌握飞机上的各种设备，要复习在遇到紧急情况时各个号位的乘务员应该做些什么，整个机组还需协商好碰到劫机等各种突发事件时的应对措施。

2. 服务工作直接准备阶段

乘务员要提前1小时10分钟到飞机上进行直接准备。首先要检查各种设备完好情况，如旅客服务面板上的阅读灯、呼唤铃、小桌板、桌椅靠背，乘务员服务面板上的各种灯光、话筒、音乐等，尤其要考虑到紧急状态下要用的各种设备情况，如氧气瓶里面氧气是不是够用，灭火瓶是不是没用过的，充气滑梯压力是否正常等，如发现有不能使用的须马上通知机务上机进行修理；清点餐食的配备情况，对餐食的数量和质量要把好关，对供应品要清点清楚；检查客舱、厕所卫生及用品情况，如面巾纸、卷纸、肥皂、香水、坐垫纸是不是配备齐全；检查厨房用品是否齐全，如茶叶、咖啡、方糖是否齐全，是否有特殊乘客餐等。此外，头等舱、公务舱的乘务员还需要准备迎宾饮料、热毛巾和拖鞋等。这一切准备工作完毕之后，机组会进行清仓，以杜绝一切外来人或外来物。最后机长发布上客指令，准备开始航程。

3. 客舱服务实施阶段

（1）迎接乘客登机

客舱服务实施阶段

实训视频 01~09

乘务员迎接乘客登机，是展示航空公司及乘务组精神风貌的第一道风景线，是对乘坐本次航班的乘客表示礼仪上的欢迎。

当乘客登机的时候，各个号位的乘务员要站在各自的号位上迎接乘客的登机。如乘务长和头等舱的乘务员一般是站在机舱门口，依次向乘客行注目礼，鞠躬并微笑问好。其他号位的乘务员则站在舱门内的工号位置，面对乘客45度角，恭候乘客登机。

乘客登机后，乘务员要介绍座位号码的所在，帮助老幼病残孕乘客找到他们的座位；协助乘客安排、整理行李架上的行李；要随时观察乘客有什么需求，如是否需要毛毯、枕头、拖鞋之类的生活用品，尽量满足乘客需求。如图1-1和图1-2所示。

图1-1 整理行李架

图1-2 关注乘客需求

（2）客舱安全演示和检查

乘客坐好之后，安放好行李，外场乘务员就要进行客舱安全演示（见图1-3），随后进行客舱安全检查，包括提示乘客调直椅背、收起小桌板、打开遮光板、系好安全带，检查行李架是否扣好、紧急出口和通道是否摆放有行李；内场的乘务员则要把厨房电源关掉，扣好各种锁扣，放好餐车，关好各个衣帽间和烤箱的门等。此外，依据我国民航局发布的《机上便携式电子设备（PED）使用评估指南》，机上是否允许使用手机不再强制要求，不同航空公司对手机使用有自己的规定，乘务员需要按照要求提醒乘客关闭手机或手机网络。做完了这些检查，飞机就要起飞了。

（1） （2）

图 1-3 客舱安全演示

（3）广播与发放餐饮

飞机平稳飞行后，内场乘务员进行广播，外场乘务员就要开始发放报纸、送餐（点心零食）、纸巾等。一般来说，短距离飞行（如沈阳—北京的航班）只发放饮料与点心；飞行时间 1.5 小时以上的航班发放餐饮。发放程序包括：发餐前饮料—供应餐食—再发一遍饮料—再加一遍饮料—收拾餐盘。有的航班还会发放纪念品、入境卡、海关申报单、健康申明卡等，有时还需要帮助乘客填写这些表格。

（4）巡视客舱

空乘人员进行客舱巡视，观察乘客有什么需要，以便在乘客需要时及时提供帮助并解决问题。如是否还需要续水和饮料；刚醒来的乘客是否需要进餐；帮休息的乘客关掉阅读灯和通风口，给他们盖上毛毯、递上枕头等。同时要随时注意清除客舱里的垃圾，但要注意如果餐食饮料等在乘客位置上则需要根据情况判断，询问乘客是否还需要，再决定是否即刻回收。

（5）安全检查

飞机下降前，要再次进行安全检查，提醒乘客系好安全带、调直椅背、收起小桌板、打开遮光板，检查行李架是否扣好、紧急出口和通道是否摆放有行李等。

（6）送别旅客

飞机落地，各个号位的乘务员要站在自己的号位上微笑送走所有旅客，然后检查客舱里是否有旅客遗留的物品。航程结束。

4. 乘务组航后讲评

空乘服务工作的最后阶段是总结工作、评估服务质量，一般由主任乘务长或乘务长主持。

二、空乘职业要求

（一）空乘工作的职业要求

1. 强烈的服务意识

目前交通运输市场竞争非常激烈，不仅同业航空公司众多，都在不断提升服务质量，而且其他高铁等交通工具也在争夺客源市场。民航客舱服务是航空运输最直接的展示窗口，乘务员的服务意识是提供优质服务的前提，必须加以重视。没有强烈服务意识的服务在激烈的市场竞争中很难赢得更多的回头客。

2. 良好的思想品质

良好的职业精神看似抽象，其实就蕴含在乘务员对服务工作的那一份深深热爱中。由于空中乘务工作是一个劳动强度大，工作时间没有规律而对服务质量要求又很高的职业，没有良好的思想品质和吃苦耐劳的精神很难做到时刻为旅客着想。

3. 高超的服务技能

如果说服务意识是飞机的机身或发动机，那么服务技能和服务技巧则是飞机的两个机翼。服务技能和技巧只有在具有服务意识的基础上才能够有效，有了服务意识，危机就会得到避免或合理控制；有了良好的服务意识，突发事件才可能被合理控制甚至避免；只有"服务意识＋服务技能＋服务技巧"的民航服务才能够实现旅客满意和真正意义上的民航和谐。

4. 具备良好的气质与形象

空中乘务员的言谈举止、服务态度是一个航空公司乃至一个国家的形象及服务水平的外在体现，民航乘务员从外表上要相貌端庄、举止得体大方，具有亲和力。目前国内招收乘务员都需要经过面试和笔试，进行综合考核，对乘务员的外在形象也有一定硬性要求，各航空公司招聘及相关院校招生要求略有差异。比如，有的学校招收空乘专业学生的基本要求为：女性身高要求在

1.63~1.72 米，男性身高要求在 1.73~1.84 米，双眼裸视 0.6 以上，五官端正，身体无明显疤痕。

图 1-4　空乘人员应具备良好的形象素质

5. 全面的综合素质

良好的沟通来自丰富的内涵和良好的素质。作为一名空乘人员，必须掌握各种机型的特点、紧急处置、医学救护、地理常识、风土人情、社交礼仪、心理学、航空机械常识、民法等知识，尤其是能较为熟练地掌握 1~2 门外语和一些方言，甚至手势语，灵活运用语言和非语言技巧。空乘人员在把知识和智慧传递给旅客的同时，也向他们展示了自己的内在修养和人格魅力，乘客会认同、熟知并记住这份与众不同的魅力，并把这种认知扩大到对该航空公司的整体印象上，也就是我们所说的印象管理。

因此，空乘工作应该是集服务员、播音员、导游、安全员、厨师、民航形象代言人等多种职能于一身的特殊职业，要求从业人员具备多种能力，既要"出得厅堂"，又要"入得厨房"。

📄 案例

中国东方航空股份有限公司招聘标准

1. 学历要求：国家统招类全日制大专及以上学历，专业不限。

2. 语言要求：

（1）英语口语较为流利，日常交流基本无障碍，达到面试口语考核合格标准,有英语等级证书者优先。

(2)普通话声韵母发音清楚,方言语调不明显,达到汉语考核合格标准。

3.年龄要求:18~25周岁。

4.外形要求:五官端正,身体匀称,肤色健康,气质佳。

5.身高要求:163~175cm(女);173~185cm(男)。

6.体检标准:

符合中国民用航空局颁布的乘务员/安全员体检标准。

(1)无"X"形腿、无"O"形腿、无四环素牙、无口臭、无口齿不清、无听力障碍、无文身等情况。

(2)身体裸露部分无疤痕,无胎记,无传染性疾病,无久治不愈的皮肤病,无腋臭。

(3)无色盲,无色弱,裸眼矫正视力(C字表)不低于0.5,无斜视、无色盲,做过眼睛激光手术的人员均请携带手术病例资料和手术证明。

7.背景要求:

(1)本人无犯罪记录。

(2)直系亲属(或直接抚养人)无犯罪记录。

8.不接受现役军人、武警报名。

(资料来源:应届毕业生招聘网)

(二)空乘服务礼仪

1.候机沟通礼仪

(1)着装规范统一,化妆、发型、行李箱等符合公司统一要求。

(2)言谈文雅,举止优雅,动作礼仪严谨、规范。

(3)语音语调柔和,说话音量适中,面带微笑,忌表情呆板。

(4)手势适度,站姿、坐姿等仪态符合空乘礼仪标准。

图1-5 着装应规范统一

2. 迎送乘客礼仪

（1）乘客登机时，应按规范礼仪站姿并面带微笑站立于机舱门口迎接乘客。女性乘务员双手交叉放在小腹部（一般为手指相搭，右手在上，左手在下），男性乘务员双手放在身体两侧。

（2）客人走近时，女性乘务员行15度鞠躬礼，男性乘务员行点头礼和注视礼，同时热情问候："您好，欢迎登机！"

（3）机舱门口乘务员一般左手手臂自然弯曲，手指并拢，掌心微斜向上，指引乘客进入机舱（如有信仰伊斯兰教乘客，则不能伸左手引路）。

（4）若遇客人携带行李箱，应主动上前扶助，帮助其跨越机舱口。

（5）若遇老人、小孩、残疾人士应热情扶助，并主动将其带到座位旁。

（6）客人离机时，应按规范礼仪站姿并面带微笑站立于机舱门口送别乘客。

（7）向乘客行鞠躬礼并诚恳道别。

案例

山东航空股份有限公司对乘务员迎客的规定

1. 旅客登机时，乘务长播放登机音乐，打开客舱灯光至高亮度，站在机舱门口迎客并负责保持与地面工作人员的交接和联系。

2. 客舱乘务员位于合适位置迎客。

3. 着装整齐、站姿端正、面带微笑、热情并礼貌地迎接并问候旅客。

4. 重要旅客及其行李衣物由指定客舱乘务员负责安排，并根据地面人员提供的VIP旅客名单，使用尊称或姓氏问好。

5. 有秩序地引导旅客入座，协助旅客放好随身携带物品和衣物。如果座位安排时，有旅客不方便的情况，起飞后，可与相邻旅客商量，做适当调整。

6. 对旅客要求托管的物品应妥善存放，为旅客保管衣物时，确认其口袋内无贵重物品，如钱包、首饰、护照等。

7. 原则上不应为旅客保管药品、贵重或易碎物品。如不能推辞应向旅客说明责任，得到认可后，方可接受。

8. 根据普通舱旅客的入座情况提供以下服务：

（1）提供报纸杂志；

(2)提供热毛巾(或根据旅客要求);

(3)提供饮料:果汁或茶水(或根据旅客要求);

(4)起飞前,收回饮料杯、毛巾等。

(资料来源:《山东航空股份有限公司客舱乘务员手册》)

3. 客舱服务礼仪

(1)耐心、亲切地向乘客介绍此次航班机组及乘务员。

(2)准确、细致地介绍机舱内设备设施并配以示范,示范动作要规范、标准。

(3)飞机起飞和降落前,仔细检查乘客是否系上安全带、收起小桌板,提醒乘客机舱内注意事项并耐心解答乘客疑问。

(4)派送报纸杂志时,应走到乘客座位旁,上身微倾,用适当的音量和语调询问乘客需要阅读机上哪种报刊;对闭目休息的乘客则遵循"不打扰"原则。

图1-6 为旅客派送报刊

(5)给客人上茶(饮料或点心)前,首先应把手洗干净,认真检查餐、饮器皿是否干净,并按人数多少准备点心、饮料。然后往茶杯中注入八分茶水,留意茶的浓度。

(6)将点心、饮料整齐、合理地摆放在推车中,推动推车时,动作平稳轻松,表情大方亲切;将推车推至乘客座位旁时,双手将点心、饮料递送给乘客。

图 1-7 餐饮服务

（7）若因自己不小心或突遇颠簸等原因而把饮料滴洒在乘客身上，要马上诚恳道歉，若对方与自己为同性则用干净毛巾或纸巾为客人擦拭；若为异性则酌情处理，道歉后一般是将干净毛巾或手巾纸双手递予，并重新提供服务。

案例

中国国际航空股份有限公司对乘务员礼仪的要求

第 4 条　礼貌礼仪

乘务员在工作、生活、驻外期间应具有良好的个人修养和礼貌礼仪。

1. 乘务员在工作区域应着装大方，不着奇装异服，工作装与便装不混穿。与旅客、领导、同事相遇，应微笑示意、驻足让道、主动问好。

2. 乘务员在任何时候均以礼貌平和的方式讲话。

3. 接听电话时应使用文明电话用语。

4. 维护公共场所秩序，不大声喧哗、嬉笑、打闹。

5. 保守国家机密、尊重驻地国民俗、文化。不以公司立场对外发言。

6. 有关文明礼仪的规定见《客舱服务部文明言行规范》。

7. 有关驻外期间的规定见《客舱服务部驻外管理办法》。

第 5 条　举止

乘务员在工作期间应保持良好的体态，合理使用形体语言。

1. 站、坐、行走、蹲姿应大方、得体、规范。
2. 指示方位时五指并拢,自然明确。
3. 工作交谈应耐心轻声,避免旅客听到、误解。

（资料来源：节选自《国航客舱服务部乘务员、安全员管理手册》）

案例

用真诚服务和沟通化解机上矛盾

返回北京的航班上,由于飞机颠簸,一位女士被咖啡烫伤了,而且裤子也弄脏了。这位女士大怒,哭喊着要投诉。乘务员在劝说无果的情况下,把此事汇报给了主任乘务长。乘务长听到此事后,询问了一些该乘客的情况：是南方乘客还是北方乘客？年龄？体貌特征？坐哪一排？了解到这位乘客是一位南方人、跟旅行团到北京旅游、大约40多岁、穿戴比较时尚等情况后,乘务长带上飞机上配备的烫伤药"京万红"和湿毛巾就过去了。

她向这位乘客边道歉,边打量说："您好！真抱歉,把您给烫伤了！"乘客仍在生气,声调不是很高地说要求赔6000块钱,说她的裤子是名牌。这时旁边的乘客也开始起哄："对！让航空公司赔钱！"乘务长一点儿也没有慌乱和紧张,她观察到这位女乘客穿戴得很利索,非常注重自己的外表,而且声音不高,确定她是比较爱惜自己,而且比较内敛。因此判断,这位女乘客可能会更关心自己是否被烫伤和被弄脏的裤子问题,不太关心钱的问题,于是也没有过多理会周围乘客的反应,她认为这个时候去跟周围的乘客解释的话,会转移焦点,不利于问题的解决。乘务长就跟这位女乘客说："咱们赶快把药敷上,我想看看您烫伤的程度。先解决这个问题,再谈赔偿的事,您看好不好？"女乘客看了乘务长一眼："你不要这么假,还是赔钱吧！反正你也弄不好。"乘务长觉得乘客声音放低了很多,就赶忙说："哎！您这裤子怎么这么好看呀！您的身材保持得太好了！来,我们赶紧去卫生间看一下,赶快把这个烫伤的问题解决了。"在乘务长的真诚和赞美下,乘客语气缓和些了："你看我这个裤子,多难看啊！"乘务长马上拿过来一条毛毯,边安慰着边帮着她向卫生间走。到了卫生间后,乘务长帮乘客把药敷上,然后解释说,真的很抱歉,由于飞机颠簸把您的裤子弄脏了,您看能不能先穿这条裤子（乘务长把自己的备用裤子拿了过来）,我来帮您把裤子洗干净,保证您下飞机时能够穿得上。紧接着又用消毒毛巾帮其轻轻擦拭。这时候，乘客的气也消了，态度也完全转变了……

（资料来源：民航资源网）

（三）空乘服务技巧

1. 微笑服务

越来越多的生活体验告诉我们：微笑并不意味着高兴，事实上，它更是一种重要的体态语言、社会语言，具有社会性。微笑，反映的是一种意愿、一种关系、一种文化。面对飞机上的每一位乘客，空中乘务人员必须是微笑的，微笑是空乘人员必备的基本沟通技巧。

图 1-8　微笑服务

2. 真诚的服务

空乘人员应该本着真诚的态度营造一种亲切的氛围，也就是常说的"亲和力"，让旅客进入客舱有一种宾至如归的感觉。这种亲切的职业形象容易拉近与旅客的距离，可以使乘务员在服务过程中洋溢着爱心，服务水平也能得到最大限度的发挥。

3. 细致周到的观察与服务

及时为旅客传递各种信息，把服务做在旅客开口之前。学会恰到好处地运用服务语言和倾听旅客的要求，及时发现旅客的细小变化，用心体贴，善解人意，急旅客之所急，想旅客之所想，甚至在旅客本人还未明确地意识到他所需要的服务时,就把服务送到他身边,与旅客取得心灵上的沟通,带给旅客满意和温馨的感受。

4. 丰厚的文化底蕴

广博的知识、机智的反应加上生活情趣,这不仅是旅客的要求,也是空乘人员自我发展的需要。丰厚的文化底蕴有助于空乘人员进行准确的客户类型分析,更好地发挥服务技能,避免不必要的客户投诉事件的发生。

案例

努力以不同的角色面对旅客

1993年,张力(化名)幸运地被某航空公司招收为一名空中乘务员,由一名整天与书本相伴的学生,成为年轻女孩梦想的蓝天使者,内心充满喜悦。张力很认真地跟随带飞教员学习,努力把所学的专业知识运用到工作中,让旅客随时都能看到她灿烂的笑脸,听到她真诚的问候。

正当她为自己能很快适应工作而沾沾自喜时,旅客的问题常常会把她难住:"乘务员,下次我把这些行李都托运了,你们公司得收我多少钱?""乘务员,我们老两口去西安旅游,住什么地方既便宜又实惠?""乘务员,杭州有什么特色菜?""从机场到市中心打车很贵吗?"……面对这一系列问题,张力的笑容顿时牵强起来,她深深地感到客舱服务绝不仅是端茶倒水、微笑就可以令乘客满意的,还要了解旅客的困难、需求和情绪,用心去感受和体会,并为之提供帮助。于是,业余时间里,张力阅读的书籍里多了《地面运输服务》《旅客心理学》《日常保健》以及《各地旅游指南》等。在飞每个航班前,她会把所到之处的气候特征、名胜古迹、酒店价格、机场到市区的距离等记熟。现在无论飞到哪里,她都会告诉旅客什么景点最美、什么地方东西最好吃、什么酒店最有特色……面对旅客时她的笑容也更加灿烂和自信了。

飞行了12年,每天面对的旅客身份各有不同,有长者、有晚辈,也有同龄人,从职业上来说更是千差万别,如何让每一位旅客满意,张力认为就需要自己扮演各种不同的"角色"——服务员、协调员、医生、向导,甚至是阿姨、晚辈等旅客所需要的各种角色,并且要把这些角色扮演到最好。

(资料来源:《中国民航报》)

模块二 空中沟通概述

一、沟通内涵及其影响因素

(一)沟通

沟通是人类社会交往的基本行为过程,用任何方法或形式,在两个或两个以上的主体之间传递、交换或分享任何种类的信息的任何过程,就叫作沟通。沟通是人与人之间建立联系的主要方式。比如,口头语言、文字书面语言、表情动作、身体语言、音乐图画等语言和非语言都是沟通的方式。而沟通的过程也正是"信息发送者→渠道→介质→噪声→过滤→接收者→反馈"的循环过程。有效的沟通,应是双向互动的。

(二)影响沟通的四个因素

在人际沟通中,声音、语言、视觉都会影响到人们的沟通,这三者所占比例分别是38%、7%和55%。因此,空乘人员要全方位地锻炼自己的沟通能力。

1. 情绪因素

每个人都会有情绪问题。如由于身体状况、家庭问题、人际关系或过分怯场、胆怯等因素而导致的情绪波动,这些都会直接影响沟通的正常进行。而做服务工作,特别是特定环境下的乘务员,一定要具备稳定的心理素质。日常生活中有很多因素影响乘务员的情绪,但是一名优秀的乘务员是不会将自己的任何情绪带上飞机的,因为空乘工作是要用严谨的态度对待的。在飞行过程中,保证自己的情绪不受外界影响、对工作保持良好的状态,是做好一切工作的基础。

2. 表达方法

说话直白、语气生硬或缺乏热情会令对方反感,难以接受你的观点,即使你的观点是对的，谈话也会不欢而散。在沟通中要视双方的地理位置、所处的场合而选择合适的媒介来传递信息。一般而言，面谈是最好的方式，可以进行及时的互动、反馈，可以从对方的身体语言、面部表情来洞察对方的想法，及时调整谈话的方式或策略。如旅客把行李放在过道上了，可以说："先生，我帮您把东西放在行李架上好吗？谢谢。"而不能直接说："按照民航规定行李必须放在行李架上，请您把行李放在行李架上。"

3. 个人因素

世界是多元的，每个人的成长背景、性格、人生经验、教育程度、文化水平、价值观念是不同的，这就导致每个人的沟通方式都有自己的特点，而且对同一信息也会有不同的理解。在这样的情况下，只要不是原则性问题，在尊重的前提下求同存异是最好的沟通方式之一。

4. 环境因素

在机舱环境中，由于存在噪声问题，如果选择的时间、场合等不合适，都会直接影响到信息传送。如在客舱服务中，如果送餐时乘客在休息，就不宜立即唤醒乘客，而是要灵活处理，在合适的时间与乘客沟通。

（三）有效沟通的四个技巧

一个人的成功，离不开健康和谐的人际关系，为了提升个人的竞争力，必须不断地运用有效的沟通方式和技巧，灵活、恰当地与人接触沟通。

1. 有效沟通的尊重技巧

培养良好的态度。只有具有良好的态度，才能让别人接受你、了解你。与别人沟通的时候，应该保持谦虚的态度，无论是否同意对方的意见，都应该给予充分的尊重。在谈话过程中，应保持良好的姿态，身体微微前倾；保持微笑，学会用目光与对方沟通，谈话中要有适时的反馈，令对方觉得你对他的话题很关注；避免一些不礼貌的举止，如不停地看时间、玩弄钢笔、抖脚等。

2. 有效沟通的倾听技巧

俗话说"会说的不如会听的"，专心致志地倾听会让你的沟通对象感觉到你对他的接受和认可，他会视你为知己，从而更加深入地与你沟通。要学会微笑着倾听，微笑是一种最能让人感到亲切的表情，自始至终的微笑可以缩短沟通双方的心理距离，更便于沟通。在沟通过程中，为倾听对方要表达的确切意思，有必要向对方确认求证，所以，"您说的是这个意思吧？""是这样的吧？""是否可以这样描述……"这样的语句是少不了的。不要从自己的角度来聆听对方的话，要尽可能地站在对方的立场来明确其真实的想法。如卡耐基曾讲过这样一件事，一位妇人来到他的办公室，一进屋就说自己刚刚去过非洲。卡耐基颇有兴趣地说："那您一定对非洲有很多的了解了吧？"就这样，卡耐基一直认真地听这位夫人兴致勃勃地讲了一个多小时，并在夫人结束说话时告诉这位夫人："您讲得太精彩了，仿佛使我置身于非洲大草原一般。"后来，这位夫人逢人便夸卡耐基先生，说他是一位非常健谈的人，实际上，卡耐基从头至尾仅仅是一个忠实的听众而已。

3. 有效沟通的提问技巧

提问，除了可以确认对方表达的信息，还可以集思广益、启发思路，使自己的想法更加成熟、完善。在我们与人沟通时，学会提问，才能让对方说出内心想说的话，你才能了解他的真实情感与想法。提问的方式主要有以下四种：

（1）开放式提问：5W1H（What/Who/Which/Where/Why/How），不限制答案的提问方式。如："请问您对哪类旅游感兴趣？"

（2）封闭式提问：以 Y/N（Yes/No）来回答，确定事实的提问方式。如："您需要苹果汁吗？""需要我帮忙吗？"

（3）探讨式提问：就某一问题展开深入讨论的提问方式。如："您看下一步该怎样处置更好？"

（4）反射式提问：就一个问题向不同的人寻求不同意见的提问方式。如："先生，请教一下，国外客舱中类似的情况如何处理？"

客舱服务中使用哪种提问方式应视具体情形而定。一般来说，提问时应注意察言观色，用简洁的语言先提一些容易回答的问题，培养出对方的情绪，引导对方说出更多的话、说出自己内心的真实想法，这在双方的沟通交流中是非常重要的。如在客舱中看到某位乘客情绪低落或神情焦急可以亲切询问："这位先生，您有什么需要我帮助的吗？"

4. 有效沟通的反馈技巧

沟通时应注意内容和语调，正常的沟通应该有的放矢，尽可能传送有效的信息。谈话对方不仅在意你对所谈论的问题是否重视，更需要了解你对此的看法、意见。给出回应，特别是建设性的回应，会增强双方的认同感，容易达成一致。比如对方谈论的问题你可以用"原来是这样啊""我也这样认为"等语言并配合点头、微笑、侧耳倾听等体态语来回应。

二、飞机客舱沟通要领

在掌握客舱沟通要领之前，我们首先应了解乘客的心理，只有了解他们的共性心理才能为体贴入微的服务打下良好的基础。

（一）了解旅客乘机的共性心理

乘客乘机旅行的心理活动贯穿了从他产生旅行的需要开始，到他到达目的地结束旅行为止的整个过程。

一般来说，乘飞机的乘客往往具有以下需求：求顺利、求安全、求快捷、求舒适、求方便、求健康、求尊重、求安静、求愉快。因此，人们乘机的共性心理主要表现为对交通工具的安全、经济、迅速、方便、舒适程度、服务质量等进行一般性的分析，具体表现为以下几个方面：

1. 安全心理

乘客乘机最根本的需要就是安全的需要，它包括人身安全和物品安全两个方面。

"平安"就是不发生任何危及人身安全和财物安全的意外事故，也就是不发生人身碰挤伤、摔伤、烫伤等伤害情况，旅行中所携带的财物、文件资料保持完整，不发生任何丢失或损坏的情况。针对乘客这种心理，在飞机因故延误以及颠簸时，乘务员从安全角度引导、安抚旅客效果往往很好。

2. 顺畅心理

送亲友出门时，除了祝福他"一路平安"外，人们常说的另一句话是"一路顺利"，讲的是旅行中的顺利、愉快问题，这也是出门旅行者的一个共性心理要求。

从运输服务管理角度，应尽最大的努力满足旅客的需要。在为满足旅客需要而做工作的同时，还要做好宣传工作。旅客出门时往往不想自找麻烦，在客舱中更是如此。所以，空乘人员如果能理解这一点，在旅客抱怨时就会理解他们的不痛快很可能来自我们民航服务某个环节的疏漏或不足，要进行耐心解释，用优质的客舱服务来安抚因突发事件或航空器硬件的不足引起的不良情绪。

3. 快捷心理

随着社会的发展，人们的时间观念发生了重大的变化，"快捷出行"成为旅客的一个主要诉求。缩短旅行时间、迅速到达目的地，可以节约时间，同时减少旅行疲劳。在旅客旅行的过程中，由于机器故障或天气等原因而发生的延误，影响到旅客旅行的顺利进行，旅客有权了解延误发生的原因和处理的进展情况，空乘人员有必要把事情的真相告知旅客，让旅客心里有数，使其能够对自己下一步的行为预先进行计划。

4. 方便心理

旅客出门旅行希望处处方便，这是一种很普遍的共性心理。为了适应旅客的方便心理，需要采取一些措施，如代办中转服务等都会满足旅客的方便心理要求。即使做不到，也要给乘客一种尽全力去做的感觉，使其感受到自己的需求得到充分的尊重，需求没有得到满足是客观原因造成的。要点是尽力使旅客感到处处、事事、时时方便，节省时间，能够使事情顺利办成。

5. 舒适心理

随着经济的发展和人们生活水平的提高，旅客对旅行中舒适性的要求日益提高，对乘机环境、文化娱乐、饮食、休息睡眠等内容的要求相应提高。这种需要的程度和水平受多种因素影响，特别是旅行时间的长短往往是起决定作用的因素。因此，2小时以上的航班上，乘务组要有意识地在服务细节上多下些功夫，如放些轻音乐、节日组织一些小活动等。

6. 安静心理

心情安静与否，在一定程度上取决于人对环境的感受。一个井然有序的环境，可以使人心平气和。因此，要加强对环境有序性的管理，这种有序性包括两个方面：一是物的有序性，二是人的有序性。比如，夜晚航班乘务员的客舱服务要以保障乘客休息为前提。此外，保持客舱的清洁卫生也是有序性的一种表现，清洁、卫生的环境使人心情愉快。

（二）空乘工作沟通的原则

1. 规范性

民航乘务工作有着非常严格的服务程序与规范，乘务员必须严格遵守和执行，并且要通过沟通使旅客了解并理解，以保证每一航班的顺利。

2. 明确性

安全性是乘坐飞机的旅客最为关心的事情。乘务员的首要工作是要保证旅客安全，必要的机舱物品的使用和讲解示范要清晰、明确。

3. 尊重性

虽然在淡季或特殊情况下机票价格会有很大折扣，甚至低于高铁票价，但飞机旅客对尊重性的要求却往往高于乘坐火车、客运汽车或轮渡等交通工具的旅客，乘机出行的光环依然存在，飞机的便捷性和舒适性也是乘客自身价值的体现。特别是国内外航空公司在服务上的推陈出新也提高了乘客的期望值。因此，客舱服务中的沟通要更人性化，让旅客感到物有所值。

4. 幽默性

在客舱这个密闭狭小的空间里，乘客之间磕磕碰碰在所难免，作为乘务员可以适当利用汉语相同词语的不同意会把具有消极影响的词意巧妙转换成具有积极影响的词意，于幽默中化解尴尬。富有幽默感的沟通技巧可起到润物细无声的作用，让旅途充满快乐。

📄 案例

客舱服务中的语言沟通技巧

某航班出现延误，乘务长在即将到达目的地之际，去向一位精英会员致谢，并征求他的乘机感受和意见。这位旅客当天由于有重要的事情要处理却被拖延了，所以没有好气地回了一句："没办法啊，谁让这条航线只有你们公司在飞，你们是唯一的选择。"面对旅客的抱怨，乘务长却微笑着说道："'唯一'在汉语里有'最好'的意思，所以您唯一的选择也是最好的选择啊，而且从您的选择中我们看到了您做事的专注，这一点真值得我向您学习。在此，也请允许我代表公司感谢您始终如一的选择，并衷心希望在今后您将要出行的日子里，您都能一如既往地选择我们！"旅客听后不禁笑了……

（资料来源：民航教育网）

（三）客舱沟通要领

空中乘务员与服务对象之间形成亲和效应，在服务中是非常重要的。具体说，沟通中要注意以下事项：

1. 努力创造亲和效应

人们在人际交往和认知过程中，往往存在一种倾向，即对于自己较为亲近的对象，会更加乐于接近。对空乘人员来说，为了使自己热情的服务获得旅客的接受，有必要在服务过程中积极创造条件，努力形成双方的共同语言，如多与乘客沟通、保持微笑服务等。

值得注意的是，微笑一定是发自内心的，而不是职业性的微笑。如有乘客说，坐飞机时有些空姐当面笑得很灿烂，可当他有事情回头再看她时，却发现对方脸上变得冷冰冰的，让人心里很不是滋味。这说明有些空乘人员的微笑仅仅是职业性的，缺少内涵，沟通技巧还有待进一步提高。

乘务员在做安全讲解示范时，经常会有乘客闭目养神、心不在焉。有些国外航空公司的空乘人员这时候喜欢与乘客开个玩笑，或者来一段幽默表演，来调动气氛，吸引乘客的注意力。如："要抛弃或离开一个旧情人也许有 50 种方法，但要离开这架飞机只有 5 种方法，如果你不注意听，就一种也不知道，只能等死。"乘务员的幽默话语可以使乘客在笑声中集中精力听乘务员的安全讲解。

又如某家航空公司一次执行专机任务接待国外某王室成员，在得知这位王室成员酷爱诗歌并曾经正式出版过两部诗集后，航空公司特意安排两位外语优秀、爱好诗歌的空乘人员在王室成员登机后闲暇时向其请教诗歌，并请其在他本人的诗集上签名留念，由于沟通得体，结果客舱气氛非常融洽。

2. 尊重旅客，学会用心倾听

人们常说，服务行业应"两只耳朵一张嘴"，就是要多听少说，多听比多说更为有益。俗话说"善听者善交人"，要想做到高效沟通，需要学会用心倾听。既不要在对方谈兴正浓时打断，又要善于概括对方说话的要点，协助对方将话说出来，鼓励对方说下去，还要善于听出对方的弦外之音。

案例

用心倾听旅客意见

国内某航班上的一位外籍客人在头等舱刚一落座,就对空中乘务员的服务不断挑毛病。他的表现立即引起乘务长的注意。乘务长走近对方,先是认真地倾听了对方对于配餐、报刊的种种不满,接着诚心诚意请教对方:"先生,您见多识广,国外著名航空公司的班机您肯定坐过不少。请教一下,您认为我们在服务方面存在哪些不足?"在回答完乘务长请教的问题后,那位外籍旅客态度变得平和了。

(资料来源:金正昆《服务礼仪教程》)

3. 使用委婉、亲切的语言

在客舱服务中,回答旅客提出的问题或向旅客进行说服工作,例如解释民航规章制度、旅行常识,纠正旅客不文明行为等,都需要沟通。回答旅客的提问不要以貌取人,要用婉转的道理和有涵养的语言回答旅客,避免因直言快语导致失敬和失和。解释民航规章的出发点是为旅客服务,而不是用民航规章来为难旅客。记住反驳不要说得太直接,出言求智、礼貌周全,要使旅客礼中知理、心悦诚服。如韩国空姐的美来自她们的谈吐举止、礼貌大方而不失温文尔雅,每一次与客人对话时总是先鞠一躬,弯腰显示出对客人的尊重;永远笑容满面,给人一种温馨的力量。这种笑是一种发自内心的礼仪,而不是勉强为之的应付的笑,而且她们从来没有精神萎靡的时候,总是挺直腰身,保持着一种精神上的饱满。

案例

善于使用委婉亲切的语言

有一次在韩国的航班上,一位旅客在等洗手间的时候,顺便坐到了乘务员的位置上,只见一位空姐笑容满面地过来,弯下腰,轻轻地像耳语一样在乘客旁边说:"这个位置是专供乘务员坐的,因为这个地方靠近紧急出口。"空姐的话语气轻柔、温文尔雅却又诚恳沉稳,由于沟通得体,不仅没有使乘客尴尬,反而使其心悦诚服地起身离开。

(资料来源:中国民航网)

4. 以幽默化解矛盾

心理学大师弗洛伊德说，人类是"求快乐的动物"。其实人一生总是在做两件事情，追求快乐和逃避痛苦，我们都喜欢高兴愉悦，而不喜欢痛苦与悲伤。作为空乘人员有必要在生活中多观察积累，学会用幽默来与旅客沟通。幽默需要合乎时宜，要根据时间、地点、对象等具体条件来决定。一般来说，旅客身体不佳或情绪低落时不宜采用幽默的方式。

案例

用幽默化解矛盾

某航空公司飞机有一次播放设备的声音控制出现些问题，声音关小了就一点儿也听不见，可是开大一点儿就特别吵人。一天，正赶上某乘务组使用这台设备。

当飞机上正在播放安全须知的时候，一位旅客对着乘务员大喊："这么大的声音，把它关了。"这名乘务员对旅客说："我们的声音已经调到最小了，等会儿放娱乐片我们就把声音关了。"可是，这名旅客不依不饶，执意要求关掉声音，还质问乘务员："你们为什么不修理？"

乘务长见状，从药箱中找出两个棉签，把棉花头拔下来放在手心，另一只手又拿了两条小白毛巾，一本正经地走到旅客跟前说："先生，实在对不起，您经常坐飞机，可能不需要看安全须知了，可是飞机上还有初次坐飞机的旅客。这样吧，我给您拿了两副'耳塞'，请您选用。"这位旅客看了看棉签，面露怀疑之色。乘务长便说："您如果担心棉签太小，会掉在耳朵里，让我帮您用小毛巾把两只耳朵包起来吧。"这位旅客同路的伙伴看着他就笑了："这样不就像一只大白兔了！"一句话让那位旅客"扑哧"一下也笑了，这时，安全须知已经快播完了。

（资料来源：民航资源网）

模块三　空中服务沟通与播音概述

众所周知，空中乘务员的日常工作就是为旅客服务，与旅客畅通无阻地沟通对于乘务员来说是至关重要的。

一、客舱表达基本用语

（一）空中服务沟通

空中服务沟通是指在服务过程中，乘务员借助一定的词汇、语气、语调、身体语言表达思想、感情、意愿，与乘客进行交往的一种比较规范、能反映一定文明程度而又比较灵活的沟通方式。沟通的语言是典型的职业用语，它的语言主体由职业词汇构成，机舱内服务用语主要涉及飞机结构、航空概况、航空地理、旅游景点介绍、空中服务等几个方面。

空中服务沟通是乘客对服务质量评价的重要标志之一，在服务过程中，沟通得体、表达清晰，声音纯正悦耳，会使乘客感觉愉悦亲切，对服务工作产生好感；反之，沟通语言生硬唐突，乘客会难以接受。尤其是违背服务宗旨的敏感的语言刺激，会引起乘客的不满与投诉，严重影响航空公司的声誉。

（二）空中服务常见语言

对于以语言表达为主要服务方式的乘务员来说服务用语是关系服务质量、服务态度的大问题，因此，乘务员认真掌握服务语言至关重要，它是提高服务质量的关键。

1. 对旅客的称呼

一般称男士为"先生"，称女士为"小姐""太太"，头等舱旅客使用尊称或姓氏称呼。

重要旅客应称呼："首长"及职务。

企业家应称呼："经理""老板""老总"等。

2. 客舱服务用语

"早安。"

"晚上好。"

"您好。"

"欢迎登机。"

"请跟我来。"

"请您对号入座。"

"您想喝点什么？"

"请问，您需要饮料吗？"

"您需要用餐吗？我们现在准备为您提供正餐、小吃、点心。"

"如果您现在暂不需要用餐，我们将在您需要时提供，到时请您按一下呼唤铃，我们将随时为您服务。"

"我还能帮您做点儿什么吗？"

"对不起，让您久等了！"

"请稍等，我会尽力为您解决。"

"请稍等，我来帮您办。"

"对不起，牛肉已没有了，但在下餐开始时，我会请您优先选择餐食品种。"

"请问，需要我来帮您吗？"

"对不起，您需要的饮料供应完了，但您可以品尝一下×××饮料，这种饮料味道也不错。"

"对不起，热食每位旅客仅配一盒，您看给您提供些面包可以吗？"

"对不起，请问这些可以收走了吗？"

"谢谢您提的宝贵意见，我一定会向领导如实反映。"

"欢迎您提意见、反映情况，这是您的权利。"

"这不属于我的职责范围，不过我可以为您代劳。"

"对不起，机组没有医生，这就为您广播找医生。"

"感谢您乘坐本次航班。"

"祝您旅途愉快！再见！"

3. 客舱内禁止使用的服务用语

"没有了。"

"供应完了。"

"没办法。"

"这不关我的事。"

"这是地面的事。"

"这是其他部门的事,与我们无关。"

"不能放这儿。"

"你去告好了。"

"找我们乘务长。"

"我不知道。"

"我忙不过来。"

"你想干什么。"

"等一会儿。"

"没准备那么多。"

"你不能这么做!"

此外,身为乘务员还要避免说"摔""坠"等听起来不吉利的词汇。

4. 特殊情况时服务用语

"请跟我来(学)。"

"请服从我的命令。"

"您必须这样。"

"请听从指挥。"

"请动作快点儿。"

"请到这边来。"

(三)客舱服务常用礼貌用语 15 句(中英对照)

客舱服务常用礼貌用语 15 句(中英对照)

音频 01

以下 15 句常用语请不断练习,直到可以脱口而出为止。

(1)先生,早上(上午,晚上)好,欢迎登机。

　　Good morning (afternoon, evening), sir. Welcome aboard.

(2)是,我明白。Yes, I see.

（3）好的，马上过来。Yes, I am coming right now.

（4）对不起（抱歉）。I am sorry.

（5）请。Please.

（6）马上给您拿来。I will get one for you in just a moment.

（7）打扰了。Excuse me.

（8）明白了。Yes, I know.

（9）先生，让您久等了。Thank you for waiting, sir.

（10）需要我帮您吗？ Can I help you?

（11）我马上查一下。I will check it.

（12）不客气。It's my pleasure.

（13）谢谢。Thank you very much.

（14）托您的福。Thanks to you.

（15）祝您旅途愉快！ I hope you enjoy your flight!

（四）飞机客舱概况介绍

1. 舱位介绍

旅客舱位分为 F 舱（头等舱）、C 舱（公务舱）、E 舱（普通舱）三个部分。

2. 机窗介绍

客舱内机窗有三层玻璃：里面一层为有机玻璃，可防冲撞；中间与外面为抗压玻璃；中间玻璃上有台风小孔。遮光板可随意向上推开调节高度，但在飞机起飞和降落过程中遮光板必须打开，以免影响飞机飞行安全。

3. 乘客座椅说明

乘客座椅椅背的角度可以调节，但紧急窗口旁的一排座椅不能调节。普通舱座位扶手上有旅客服务系统，包括阅读灯开关、呼叫按钮、耳机插孔、音量调节按钮、频道调节按钮、椅背调节按钮；前排椅背有小桌板可放下；座椅上方有阅读灯、通风孔、氧气面罩、储藏室、系好安全带和禁止吸烟指示灯。

4. 救生设备

每个座位上方有氧气面罩，发生危险时氧气面罩会紧急脱落（具体使用方法飞机上有演示）；每个座位下有救生衣，包括儿童使用的救生衣（具体穿法要演示）；飞机上还备有充气滑梯，当飞机发生紧急情况需迫降时，打开飞机舱门，充气滑梯可以使旅客安全离开飞机。

5. 紧急出口

一般飞机有三个紧急出口，分别位于客舱的前、中、后三个位置（乘务员应该明确介绍）。坐在紧急出口座位处的人必须是具备行为能力的成年人，而且语言沟通不存在障碍（如果紧急出口处为不通晓汉语的外国人也不妥当）。假如客舱里有烟，客舱内能见度较低时，乘客可按照客舱过道的紧急灯尽快找到离自己最近的紧急出口，离开飞机。

6. 飞机卫生间

飞机卫生间的设备有折叠式门和插销，顶部有扬声器、烟幕报警器、信号牌、呼叫按钮等。乘客在卫生间内禁止吸烟，有紧急情况按呼叫按钮。

（五）客舱内禁止行为介绍

（1）《中华人民共和国民用航空安全保卫条例》第二十五条第四款规定：航空器内禁止盗窃、故意损坏或者擅自移动救生物品和设备。对于违反者按照《中华人民共和国治安管理处罚条例》第二十三条之规定：可处十五日以下拘留或者警告，可以单处或者并处200元以下罚款。

（2）《中华人民共和国民用航空安全保卫条例》第二十五条规定在航空器上禁止下列行为：

①在禁烟区吸烟；

②抢占座位、行李舱（架）；

③打架、酗酒、寻衅滋事；

④偷盗、故意损坏或者擅自移动救生物品和设备；

⑤危及飞行安全和扰乱航空器内秩序的其他行为。

如果违反该条款规定，将依据《中华人民共和国治安管理处罚条例》由民航公安机关给予处罚。

（3）损坏飞机上设备是一种非法行为，按照《中华人民共和国刑法》第二编第二章第一百一十六条规定，对毁坏设备造成航空器发生危险，但尚未造成严重后果的也要处以三年以上十年以下有期徒刑。

（4）《中华人民共和国刑法》第二编第二章第一百一十九条规定"破坏交通工具、交通设施、电力设备、燃气设备、易燃易爆设备，造成严重后果的，处十年以上有期徒刑、无期徒刑或者死刑。"在飞机上使用移动电话等便携式电子设备有可能导致航空器倾覆,应视为违法行为,构成危害公共安全罪。

如在飞机飞行或滑行期间有乘客拨打手机,空乘人员应该再三敬告乘客不要因为一时方便给他人和社会造成无法挽回的损失,严重的有可能因此而承担赔偿责任和刑事责任。

二、空中播音的特殊性

常见广播词示例

音频02

飞机客舱广播,就是飞行中乘务员针对客舱乘客进行的广播。它是客舱沟通的重要内容,面向全体乘客,告知需要大家周知的事项。它包括欢迎词、安全演示解说词,发放耳机、提供餐食、起飞以及降落广播词。此外,一些突发情况如遇到颠簸或水上、陆地紧急迫降等都有相应的广播词。不仅不同服务内容的广播词不同,即使服务内容相同也要视服务对象的不同而有所区别。常见的广播词举例如下:

(一)一般登机广播词

女士们、先生们:

早上(上午、下午、晚上)好!

欢迎您乘坐东方航空公司MU5172次航班由北京前往三亚。座位号在行李架下方,请按照座位号对号入座。请您把行李放在行李架上,保持过道和出口不被行李拥堵。请您尽快在座位上就座,以方便其他旅客通过。谢谢合作!

(二)运动会代表团欢迎词

女士们、先生们:

早上(上午、下午、晚上)好!

欢迎您乘坐天津航空GS7888次航班由成都前往天津。

时值全运会正在举行,我谨代表机组人员衷心地祝愿所有的来宾在天津旅行愉快。希望我们的服务能给您留下美好的印象。

　　祝您旅途愉快。

　　谢谢！

（三）新年欢迎词

女士们、先生们：

　　新年好！欢迎您乘坐中国国际航空公司班机前往北京，在此向您致以新年的问候，恭祝各位在新的一年里万事如意、阖家欢乐、事业兴旺！

　　现在乘务员进行客舱安全检查，请您协助我们收起您的小桌板、调直座椅靠背、打开遮光板，并请您坐好，系好安全带。

　　本次航班为禁烟航班，在客舱和盥洗室内禁止吸烟。

　　祝您旅途愉快。谢谢！

（四）乘务服务广播词

女士们、先生们：

　　本次航班已经离开大连前往哈尔滨，由大连至哈尔滨的飞行距离是859公里，飞行时间1小时10分，飞行高度7800米。在这段旅途中，我们将飞越的省份有：辽宁、吉林和黑龙江；飞越的城市有：大连、瓦房店、沈阳、开原、长春和哈尔滨；飞越的河流有：辽河和松花江。

　　为了您旅途的舒适和愉快，我们为您准备了点心，同时还为您提供可乐、雪碧、矿泉水、咖啡、茶水等各种饮料。

　　本架飞机上共有4名乘务员，如需要我们服务时，请尽管吩咐。

　　祝您旅途愉快。

　　谢谢！

三、涉外服务与礼仪规范

涉外服务应遵循一定的约定俗成的原则、惯例、程序和方式，体现在客舱服务中的规范性、尊重性和技巧性。一般来说，客舱涉外服务沟通礼仪要遵循以下三个基本要求：

（一）求同存异，尊重为本

乘务员在飞行工作中，会接触到来自世界各国的乘客，而不同国家的礼仪习惯又有着各自不同的呈现，存在着一定的差异。

在服务外国乘客的过程中，乘务人员首先要认识到不同国家间会存在礼仪习俗差异，其次是要在承认的基础上通过不断学习开阔自己的眼界与胸怀，理解、熟悉和尊重不同的礼仪习俗，做到求同存异。其中，求同主要是对国际礼仪惯例的遵循，存异主要体现在对各国礼仪习俗的礼节和尊重，而不是评判是非、鉴别优劣，用专业的服务经验和职业素养服务来自不同国家的乘客。

乘务人员要自尊自爱，既要遵守职业道德，又要尊重对方的礼仪风俗。如，对女士不论年龄大小，要称"女士"；对老年人帮助之前，需询问是否需要帮助以免引起不快。

（二）热情有度，善于沟通

热情有度是指在服务过程中把握好分寸。这主要是由于中外文化中行为习惯存在差异，有些国家的礼俗文化中推崇个性独立，体现在个人行为方面不希望被过度关心。因此，乘务人员涉外沟通服务做到热情而有分寸，是重要的一项基本原则。与此同时，乘务人员还要善于表达。这主要体现在服务沟通礼仪及沟通能力素质上。强调善于表达出友好礼仪：来有迎声，问有答声，去有送声。尤其是"问有答声"是对空乘人员综合素质的考核。经常飞国际航线的空乘人员要求熟练掌握英语，有可能的话，再了解一些阿拉伯语、西班牙语、日语、韩语等常用的客舱口语和词汇。

（三）有礼有节，不卑不亢

"不卑不亢、不辱国格"是我国涉外服务的基本原则和底线。尊重对方的风俗习惯并不意味着对方是外籍人士而在服务中就要无原则地微笑和迁就。尊重的前提是，对方必须遵守航空公司的各项规章制度、尊重乘务员的人格。当外籍乘客言谈举止中有侮辱到乘务员的人格和国家尊严时，乘务人员要通过语言和体态语提醒对方，必要时可拒绝对方的无理要求。同时，面对来自外籍乘客的表扬时，要正面接受并回应对方的称赞，切勿过度谦虚或贬低自己。

案例

了解文化差异　避免不必要的误会

一位美国乘客乘坐国内某航空公司的航班，对客舱乘务人员小李的周到服务十分满意，认为她服务态度热情积极，英语表达也很准确，便夸奖道："你的服务很完美！"受到表扬的小李谦虚地回应道："您过奖了，我的服务还不够好，我要继续努力。"美国人听后表现出不悦之色，说道："难道我说得不对么？"美国人不理解的原因无疑是因为乘务人员小李忽略了东西方礼仪的差异所导致的。在西方国家讲究好就是好、不好就是不好，尤其美国人喜欢对一件他认为做得好的事情用"perfect"来表达，而中国人则认为谦虚是美德，自己做得再好都不可能是"perfect"的。

[乘机常识1]

乘客乘坐飞机前应做哪些准备工作

首先，选择坐什么样的飞机。飞机有各种型号，可以通过航空公司、机票代售处和旅行社选择喜欢的机种和航班，一般来说，机型越先进，乘坐时越舒适。在航班选择上，如有可能最好选择白天的航班。当然，选择是要有条件的，有的地方当天或几天只有一次航班，就无法选择，而如果从上海出发，因为该机场有多家航空公司的多班始发航班及经停航班，乘客的选择余地就大得多。

其次，决定机票种类。可以选坐头等舱、公务舱或经济舱。头等舱和公务舱座位宽大舒适，活动空间大，机上服务也更为周到，相应的票价也较高，是经济舱的130%~150%。经济舱条件虽稍差一些，但票价便宜，也能享受到空乘人员热情的服务，而且安全系数并不与票价的高低成正比。

再次，选择座位也是很重要的，因为它与乘坐的舒适度有关。一般来说，机翼与机头之间的座位稳定性要好一些。如果乘客担心气流引起的颠簸，那么最好不要选择机尾的座位。如果想有较大的空间活动腿脚，最好购买前几排或靠近紧急出口的座位。如果喜欢活动，应选择坐通道两边的座位，感到不舒适可随意站立或来回走动，而不至于影响别人。如果害怕高空飞行，最好不要订购靠近舷窗的座位。相反，如果喜欢欣赏机外风光，又想随时掌握航线情况，最好选坐窗旁。如果选择座位，请您在换登机牌的时候向服务人员提出。

最后，您应该根据距离机场的远近确定出发时间，至少提前一小时到达机场。如果到达太早，会因等待时间太长而心里着急，到太晚了又可能过于仓促，手忙脚乱，甚至误机。在机场等待登机时，可以买些小吃或报纸杂志，供您在飞机上消遣。

（资料来源：民航资源网）

[乘机常识2]

空乘人员为什么在飞机起飞前做氧气面罩的使用示范

飞机在4268米（14000英尺）以上的高度飞行时，要对座舱增压。如果万一飞机座舱失压，就会造成缺氧，乘客会因此而头晕甚至失去知觉，乃至危及生命。以下是在不同的高度上发生座舱失压的情况下，人所能承受的缺氧时间：

飞行高度	承受时间
6100米（20000英尺）	10分钟
7800米（25000英尺）	2分钟
9140米（30000英尺）	30秒
10700米（35000英尺）	20秒

| 12200 米（40000 英尺） | 15 秒 |
| 19800 米（65000 英尺） | 12 秒 |

氧气面罩是为旅客提供氧气的应急救生装置。在飞机座舱发生失压的情况下，氧气罩会自动从舱顶掉落下来，旅客应该戴上氧气罩，直至飞机下降到可以呼吸的安全高度以下时才能将它摘下。每个航班上都准备了足够的氧气面罩，即每张座椅都有配备，而且每排座位还会多配装一副备用面罩，以防意外。

（资料来源：民航资源网）

思考题

1. 怎样看待"素质"，怎样发挥自身的素质？

提示：素质是一个人的言谈举止、人格魅力的整体体现。要发挥自身的素质，首先要多学习，多积累文化知识，培养自己的公德心。习惯造就性格，当高素质成为一种习惯后，就自然而然地表现出来了。

2. 你怎样理解与人沟通的能力和学习的能力？

提示：与人沟通就是要找到人与人思想上的共同点，之后在这一前提下，克服障碍达成共识；学习的能力是辩证地吸收正确知识或观念的途径，二者相辅相成。

3. 谈谈航空服务质量与航空公司效益的关系？

提示：质量与效益是成正比的，如果一个航空公司的服务质量越高，那么公司肯定受旅客欢迎，它的效益自然会好。

小测试

一、你的语言表达能力如何？

下面共有10道题，在四个问答中选出最符合你实际状况的一个，在后面的方框上画上"√"。

1. 别人评价你的语言表达能力时：
   A. 都说你是个非常会说话的人。□
   B. 觉得还不错。□
   C. 觉得跟你交流有点儿费劲。□
   D. 跟你交谈很容易发生争吵和互不理解的情况。□

2. 当你在表达快乐或哀伤等情绪的时候，周围的人：
   A. 容易被你的情绪所感染。□
   B. 或多或少会受到你的影响，而且影响的程度比较高。□
   C. 会受到你的影响，但受影响的程度很小。□
   D. 对你的表达没感觉。□

3. 当你需要与人谈话时，你会：
   A. 先想清楚谈话的目标以及自己要怎么说。□
   B. 大致想一下要说什么话。□
   C. 想到什么就说什么。□
   D. 聊什么说什么。□

4. 当你被领导或组织指派上台讲话时，你会觉得：
   A. 哇！一定要借这个机会好好表现一下。□
   B. 无所谓，就是一个练习口才的机会而已。□
   C. 糟糕，这次一定会出洋相。□
   D. 找各种理由与借口逃避，因为自己最怕上台发言。□

5. 当你到一个陌生的社交场合时，你通常：
   A. 主动与人搭话，并向他们做自我介绍。□
   B. 在必要的时候，才和别人互相认识。□
   C. 能避免交谈就避免，别人与自己搭话时才会说话。□
   D. 躲在角落里，不想跟别人接触。□

6. 每次在重要场合说话时，你都：
   A. 表现得非常得体，十分清楚自己什么时候要说什么话。□

B. 应对得还不错，不会出现什么大的错误。☐

C. 勉强上阵，错误较多。☐

D. 常常手足无措，语无伦次，逻辑混乱，只想尽快结束交谈。☐

7. 当你就某件事或某个观点需要说服别人时：

   A. 别人总是很容易被你说服。☐

   B. 总需要花一番工夫，别人才会被你说服。☐

   C. 常常说服不了对方，而且还会跟对方发生争执。☐

   D. 常常不知不觉反被对方说服。☐

8. 当你在不同的场合与人交流时：

   A. 能根据场合找准自己的角色与人交流。☐

   B. 基本能按不同的身份与人交流。☐

   C. 常拿不准自己的角色。☐

   D. 常忘掉自己是什么角色，形如喝醉。☐

9. 当你在和别人谈话时，你总是：

   A. 能站在对方的角度想对方在想什么，倾听并分析对方话语。☐

   B. 尽可能地注意对方，很专心地倾听对方谈话。☐

   C. 常常没有耐心倾听对方意见，并打断对方谈话，或是常常不能专心。☐

   D. 只顾自己说话，而忽略对方的感受。☐

10. 对于谈论你不熟悉的话题，你通常：

   A. 先听听别人怎么说，然后很快地说出自己的看法。☐

   B. 要过很久时间，才能渐渐抓到主题，发表一些看法。☐

   C. 直到一定要你说话，你才发表意见。☐

   D. 不发表任何意见，以免出丑。☐

测试结果说明：

选"A"为10分，其余依次为7分，4分，1分。请将分数累计起来。

总分在70分以上，说明你的语言表达能力极佳，能从事任何与口才有关的工作，努力寻找能展示你特长的工作，你会大有前途。

总分在60~70分，语言表达能力较强，在多数场合不会怯场，但时好时坏，需要加以训练才能上升到一个更高层次。

总分在30~60分，语言表达能力一般，平时聊聊天可以应付，一到重要场合便毫无自信，因此完全有训练提高的必要。

总分低于30分，语言表达能力很差，要好好反省一下自身的问题，查出原因，努力提高。

二、你在沟通中是否遵循了有效沟通的原则？

下面20个问题，通过自我评估后，可列为三等，即"优""可""差"，依次记分为5分、3分、1分，最后统计一下你的得分。

1. 我与好友、家人形成一面坚实的爱之网，彼此尊重、照顾、提携、共同成长。□

2. 我爱自己、尊重自己，同时能爱并尊重我最关心的人。□

3. 整体而言，我的亲密关系圈中，施与受是平衡而公平的。□

4. 我们经常沟通与我们真正有关的事，包括排遣日常生活中不愉快的气氛。□

5. 在我的亲密关系圈中，我通常是幽默的，不但会自嘲，还会和别人开开玩笑。□

6. 我与两性朋友都能维持亲密而有意义的关系。□

7. 我尊重亲人与我的差异，并接受已不可能同化对方的事实。□

8. 我们经常坦诚地讨论彼此的争议，而不会任其扩大或发生摩擦而不去化解。□

9. 我常常能从亲密关系中，从冲突、痛苦和错误中吸取教训。□

10. 我在这些关系中，给予宽恕、欣赏、温暖、支持和建设性的批评。□

11. 我会以诚实但不具备攻击的态度，去要求我所需要的，提出我所相信的。□

12. 我能向我最亲近的人表达真正的感觉，并坦诚地讨论我的问题。□

13. 我不会牺牲自己的亲密关系以取悦别人，或以虚伪、操控的方式讨人喜欢或求得安心。□

14. 我能满足伙伴的需求，也能满足我的满足感，因为我真的关心他（她）

的幸福。□

15. 我肯定伙伴的成功、成就与力量,并与之共荣辱,对方对我也是这样。□
16. 我们喜欢参与使我们有归属感又有意义的团体与组织。□
17. 我给予,同时获得足够的身体接触与拥抱。□
18. 我不仅珍视老朋友,也喜欢结交新朋友。□
19. 我们的亲密关系因相同的信仰与价值观而加强。□
20. 我们曾一起努力促进提高社区或世界的生活品质。□

测试结果说明:

如果你的得分在80分以上,说明你在遵循沟通原则方面是优秀的;60分以上则次之;若在60分以下,那你就应该改正过去沟通存在的问题。希望你在不久的将来,在以上所列的20条后都选"优",这样沟通高手便非你莫属了。

第二单元
客舱服务语言基础与训练

单元导读

　　对空中乘务员来说，语言的标准、规范和得体是客舱沟通和播音必不可少的基本技能。因此，学习和掌握普通话的基本知识和技巧，在提高乘务员综合素质的同时，有助于规范民航服务管理，更好地提高我国民航服务业的国际竞争力。

学习目标

　　知识目标：了解我国民航业客舱语言基本技巧，理解客舱语言的常规训练内容及注意事项；熟悉语言的基础发音知识。

　　技能目标：熟悉并能够掌握声母、韵母和声调等汉语言的发音技巧，能够运用标准的普通话进行客舱服务沟通。

　　素质目标：了解新时代民航客舱语言的内涵，自觉运用标准的客舱服务语言标准和规范去提高自身的素质和能力。

模块一　客舱语言基本技巧

　　相声中有这样一个例子，一位广东老人登机后问坐在临窗的乘客："喂，同志，你是不是最美（末）啊？"就在该乘客不知所云，一脸茫然时，那老人又说:"你是最美(末)的话,我就爱(挨)你啦。"经解释后才明白,原来这都是方言惹的祸。可见,不会说普通话,会极大地影响人际交往和情感、信息的沟通。

我们知道,说话是人的基本技能之一,更是一种极为重要的人类活动。据国外资料统计,人每天用于说话的时间平均是1小时,而服务行业的语言使用频率则远远超过这一标准。如从登机口的鞠躬微笑问候到客舱内安全示范、巡视客舱、送餐、沟通、播音都需要乘务员说话,单是送餐和送饮料这一项,"请问您想喝点(吃点)什么?"这句话就要问上100多遍,而且整个航程也许只有飞机上升的3分钟和降落的8分钟,乘务员是可以安静地坐在位置上的(这还得是飞机正常起飞与降落的情况下)。一旦遇到飞机延误、因天气原因不能降落等不利因素,面对顾客的不满、质问,需要用语言沟通的时间会更长。所以,掌握客舱服务的语言基本技巧非常关键。

一、客舱语言基本技巧

(一)乘务员必须能够说一口流利的普通话

一般来说,在通常对话环境下,说话人的音色、音量和音域的影响不是很大,但作为代表国家、民族和航空公司形象的客舱服务人员,发音吐字却是沟通中至关重要的问题,面对中外乘客,你首先必须把普通话说得很标准。苏联艺术语言大师符·阿克肖诺夫说:"吐字不好,不清楚,就像是琴键坏了的破钢琴似的,简直叫人讨厌。"因此,我们应该注意克服发音吐字方面的不良习惯,如鼻音(从鼻中发出的堵塞的声音,听起来像感冒声,音色暗淡、枯涩)、喉音(声音闷在喉咙里,生硬、沉重、弹性差)、捏挤音(挤压声带、口腔开度小而发出的声音,音色单薄、发扁)、虚声(气多声少的声音,有时在换气时带有一种明显的呼气声)等。只有避免以上这些不良发音习惯,才能做到发音圆润动听,吐字清晰悦耳。

(二)学会使用柔性语言

语气亲切、语调柔和、措辞委婉、说理自然,常用商讨的口吻与人说话,这样的语言使人感到愉悦亲切，有较强的征服力，往往能达到以柔克刚的交流效果。同样的话可以有不同的说法：比如暂时回答不出的问题，你可以说"很抱歉，我不是十分清楚，马上帮您查询一下"，而不要说"这个问题我不知道"。一般情况下，用肯定的语气说话比用否定的语气说话会使人感到柔和、亲切一些。在称呼上称谓要恰当，如中国有尊老的习俗，称呼上岁数的人为"老太太""老爷爷"，而对西方老年客人，则要避免使用"老"字，不要用"old lady"。

📄 案例

用真诚的言语和行动帮助旅客

某乘务组执行西安—南京的航班。飞机起飞后不久，一位乘客焦急的神情引起了乘务员的注意。原来他有一张八千余元的兑换券，第二天就到期了。可他出门的时候却忘了把它留在家里，当时不知该怎么办才好。看到乘客焦急的神情，乘务员说："您不用担心，请将兑换券交给我吧，今天一定能交到您家人手中。"

乘务员给他看了证件并留下联系方式，同时记下他家的地址并一再请他放心。完成飞行任务回到西安已经是晚上9点了，乘务员到市区下了班车，就打车直奔乘客家。当乘客的妻子打开门看见急匆匆的乘务员时，一脸惊讶和感激。她说："下午接到丈夫的电话了，不过我根本就不信你能连夜送过来。"说着就拿出500元钱要感谢该乘务员，被乘务员婉言谢绝。

（资料来源：《中国民航报》）

（三）语言幽默，不卑不亢

客舱服务中难免遇到一些正面很难解释的事情，乘务员不妨以幽默化解。

📄 案例

用幽默缓解客舱气氛

若干年前某乘务组执行沈阳—上海航班，由于飞机机械故障需要等待机务人员从上海送航材，飞机延误长达11个小时。起初，由于航空公司没有料到情况会这么严重，所以已经让旅客登机了。而后，旅客几乎所有的时间都在飞机上度过，乘务组想尽各种办法缓解旅客的情绪——餐食发完了，饮料发完了，甚至报纸也送完了，可是飞机还在延误，旅客们的怨气越来越大。

这时，一位旅客操着东北口音对乘务长大喊："你能不能把飞机上的投影给整出来？"乘务长知道飞机上的录像设备已经不能使用了，但如果回答"录像设备已经不能使用了"，一定会让旅客更加感到不悦。她灵机一动，对旅客说："先生，看投影有啥意思啊？刚才乘务员不是给您表演'真人秀'了吗？又是氧气面罩，又是救生衣的……这样吧，天也黑了，我一会儿让乘务员把客舱灯关了，巡视的时候舞动起来，给大家表演个'皮影戏'，怎么样？"听了这话，这位旅客哈哈大笑，学着赵本山的家乡话说了一句："谢谢啦！"乘务长紧接了一句："缘分啊！"之后，客舱的气氛逐渐融洽起来，旅客们纷纷让乘务员也歇会儿，聊聊天。

（资料来源：《中国民航报》）

（四）能够用流利的外语进行交流

乘务员要能够用简单的英语、日语甚至手语与乘客进行交流。

与外国乘客或聋哑乘客打交道时，如果你能用流利的外语或手语与他们进行交流，旅途的沟通就会顺利得多。

客舱服务常用英语单句

音频03

下面是一些常用的客舱服务英语单句：

1. 起飞前（Before Takeoff）

（1）The flight has been delayed because of the bad weather.

由于天气恶劣，所以航班才延误了。

（2）We can't take off because the airport is closed due to poor visibility.

由于能见度低，机场关闭，我们不能起飞。

（3）You know, the weather in Hong Kong is not so good. It has been delayed.

你知道，香港的天气不太好，飞机延误了。

（4）Morning, madam (sir). Welcome aboard!

早上好，女士（先生）。欢迎登机！

（5）May I introduce myself? I'm＿＿＿＿, the chief purser of this flight.
请允许我自我介绍。我叫＿＿＿＿，本次航班的主任乘务长。

（6）Morning, sir. Welcome aboard. Business class or economy?
早上好，先生。欢迎登机。公务舱还是经济舱？

（7）Follow me, please. Your seat is in the middle of the cabin.
请跟我来，您的座位在客舱中部。

（8）An aisle seat on the left side. Here you are, sir.
是左边靠过道的座位。就在这儿，先生。

（9）I'm afraid you are in the wrong seat. 20C is just two rows behind across the aisle.
恐怕您坐错位子了，20C 在另一过道那边再往后两排。

（10）Excuse me for a second, I'll check.
请稍等一下，我查查看。

（11）The plane is about to take off. Please don't walk about in the cabin.
飞机马上要起飞了，请不要在客舱内走动。

（12）Air China Flight CA937 leaves at 7:30 in the morning.
中国国际航空公司 CA937 航班，上午 7:30 起飞。

（13）Flight CA926, leaving Tokyo at 17:40, flies nonstop back to Beijing.
CA926 航班 17:40 离开东京，直飞回北京。

（14）You're flying economy class. Is that right?
您是坐经济舱，对吗？

2. 飞行中（In Flight）

（1）Would you like to read newspapers or magazines?
您想看报纸或杂志吗？

（2）Would you like to drink anything?
您想喝点儿什么吗？

（3）Here is today's menu. What would you like to have?
这是今天的菜单，您想吃些什么？

（4） Thank you for waiting, sir. Here you are. Anything more?

先生，让您久等了。这是您的餐点。您还需要什么吗？

（5） Would you like some dessert?

要不要来点甜食？

（6） May I clear up your table now?

我现在可以把您桌上的东西收走吗？

（7） Are you going to study there or just for sightseeing?

您是去留学还是去旅游？

（8） Our plane is bumping hard. Please keep your seat belt fastened.

我们的飞机目前比较颠簸，请系好安全带。

3. 紧急情况（In Emergencies）

（1） Fasten your seat belts immediately. The plane will make an emergency landing because of the sudden breakdown of an engine.

请马上系好安全带。由于飞机发动机出现故障，我们将做紧急迫降。

（2） Don't panic!

不要惊慌。

（3） Our captain has confidence to land safely. All the crew members of this flight are well-trained for this kind of situation. So please obey instructions from us.

我们的机长完全有信心安全着陆。我们所有的机组人员在这方面都受过良好的训练，请听从我们的指挥。

（4） Take out the life vest under your seat and put it on!

从座椅下拿出救生衣穿上！

（5） Don't inflate the life vest in the cabin, and as soon as you leave the aircraft, inflate it by pulling down the red tab.

请不要在客舱内将救生衣充气！一旦离开飞机立即拉下小红头充气。

（6） Put the mask over your face!

戴上氧气面罩！

（7）Bend your head between your knees!

把头弯下来放在两膝之间！

（8）Bend down and grab your ankles.

弯下身来，抓住脚踝。

（9）Get the extinguisher.

拿灭火器来！

（10）Open seat belts. Leave everything behind and come this way!

解开安全带，别拿行李，朝这边走！

（11）This plane has eight emergency exits. Please locate the exit nearest to you.

本架飞机有八个安全门，请找到离您最近的那个门。

（12）Jump and slide down!

跳，然后滑下来！

二、客舱语言基础训练内容及注意事项

（一）客舱语言基础训练内容

（1）发音器官训练。如口腔开合练习、唇的圆展练习、舌的前伸后缩练习、舌尖练习等，学会灵活控制发音器官的各种活动，能使发出的声音准确、清晰。

（2）声母、韵母练习。做声母训练时要严格掌握正确的发音部位和发音方法，找准着力点，使发出的音有弹力；做韵母训练时要严格控制口腔的开合、唇形的圆展和舌位的前后。

（3）正音练习。指按照普通话的语音标准，矫正自己的方音、难点音，如平翘舌练习（z-zh,c-ch,s-sh），鼻音、边音练习（n-l），前后鼻韵母（n-ng）及声调练习等。

（4）在声母、韵母、声调都能正确掌握的基础上，进行共鸣训练，学会控制胸、口、鼻这三个共鸣器官的方法，使发出的声音圆润悦耳，有如"大珠小珠落玉盘"，使人听后心旷神怡。

（二）学习客舱语言基础的注意事项

学说普通话，做到标准规范、悦耳动听，绝不是一件容易的事情。为此，就必须注意以下几点：

1. 树立信心，持之以恒

掌握普通话需要一个过程，不能急于求成，而必须按照一定的规律踏踏实实地学习，长期坚持不懈。只要能从思想上重视，掌握正确的学习方法，并坚持练习，我们的普通话水平就会不断提高。

2. 重视语音知识的学习

语言是由语音、词汇、语法三个要素组成的。汉语方言与普通话之间的差异突出表现在语音方面，学习普通话，提高口语表达技能的重点、难点就是语音问题，所以，要重视语音知识的学习。掌握了语音知识，就能知道每个音、每个字的正确发音到底是怎样的，音与音、字与字之间的发音差别是什么，从而提高辨别和判断语音的能力。

3. 多听多说

练习语音最基本的方法是听和说。听，是人们认识声音的唯一途径，是学好语音的重要前提和基础，是提高听辨能力的好办法。多听是指要经常听电台、电视台的播音员和节目主持人的发音，经常注意听身边普通话标准的人的发音并虚心学习。多说是指经常开展"说"的活动。要注意在听说中去感受、思考、比较，针对自己方言的特点，重点加强某些环节的训练。

模块二　语言基础发音训练

音节是语音中最小的结构单位，普通话的音节一般由声母、韵母、声调三部分组成。一般来说，一个汉字的读音就是一个音节，它由1~4个音素组成。

一、声母发音训练

声母,指音节开头的辅音。普通话中有23个声母:b、p、m、f、d、t、n、l、g、k、h、j、q、x、z、c、s、zh、ch、sh、r、y、w。

有些音节开头部分没有声母,只有一个韵母独立成为音节,如:ài(爱)、ò(噢)、é(鹅)、(y)í(移)、(w)ǔ(五)、(y)ù(遇),这种音节的声母被称为"零声母"。根据《汉语拼音方案》,y和w为以i、u、ü为韵头的零声母音节中i和u/ü的改写,所以y和w算是比较特殊的两个声母。

其他21个声母按照发音部位可以分为七类:第一,双唇音3个(b、p、m);第二,唇齿音1个(f);第三,舌尖前音3个(z、c、s);第四,舌尖中音4个(d、t、n、l);第五,舌尖后音4个(zh、ch、sh、r);第六,舌面音3个(j、q、x);第七,舌根音3个(g、k、h)。

(一)分清zh、ch、sh,z、c、s和j、q、x

要点提示:zh、ch、sh和z、c、s发音虽有共同之处,即发音部位都是舌尖,但不同的是舌尖接触点的位置不同。z、c、s属于平舌音,舌尖的接触点是上齿背;zh、ch、sh属于翘舌音,舌尖的接触点是硬腭前部。因此发zh、ch、sh时舌尖一定要"翘"起来。zh、ch、sh与j、q、x发音时也有共同之处,都是以硬腭为舌头的接触点,但不同的是zh、ch、sh用的是舌尖,j、q、x用的是舌面。

音频04-1

1. 听辨

杂	摘	频	策	彻	柴	转	擦	掐	桑	从	重	穷	瘗	拽
刹	穗	凿	捐	脆	摄	蛊	咱	件	敲	蒸	遮	炊	操	翠
趁	岑	琴	涩	宰	稠	求	窜	醇	咨	怎	筛	赛	韶	磁
租	荼	税	醉	释	翘	斯	气	谆	涮	劝	纵	幢	蜃	腮
散	森	梳	册	坠	蟑	僵	奢	踪	揍	肘	瘦	秀	诶	滋

2. 发音

2.1 单音节对比练习

赞—站—剑 早—找—搅 怎—诊—紧 擦—插—掐 操—超—锹

窜—串—券　扫—少—小　瑟—射—谢　僧—升—兴

2.2　双音节对比练习

2.2.1　zh-z、j

张嘴　振作　赈灾　正在　知足　职责　治罪
直接　逐渐　证据　致敬　照旧　召集　追求

2.2.2　z、j-zh

杂志　栽种　增长　资助　自治　自主　总账
集中　紧张　局长　纠正　禁止　君主　机智

2.2.3　ch-c、q

长辞　场次　车次　陈醋　成材　冲刺　长期
澄清　唱腔　出去　城墙　插曲　超群

2.2.4　c、q-ch

采茶　残喘　操场　操持　草创　磁场　清楚
前程　起床　清晨　球场　齐唱　全程

2.2.5　sh-s、x

上司　上溯　上诉　哨所　深邃　申诉　神色
实现　首先　设想　事项　上旬　深信　神像

2.2.6　s、x-sh

丧失　扫射　扫视　私事　死守　四声　诉说
形式　显示　吸收　消失　销售　喜事　下属

2.3　混合练习

战时——暂时　摘花——栽花　推迟——推齐　札记——杂记
照旧——造就　桑叶——香叶　重来——从来　志愿——自愿
近视——近似　主力——阻力　支柱——机杼　鱼翅——鱼刺
春装——村庄　大志——大计

2.4　绕口令练习

刚往墙上糊字纸，你就隔着窗户撕字纸。一次撕下横字纸，一次撕下竖字纸，横竖撕了四十四张湿字纸。字纸湿了你撕字纸，字纸不湿，你就不要随意撕字纸。

知道不是鸡道，迟到不是骑到。有事不是有戏，生病不是心病。知道不能迟到，以后别迟到。

（二）分清 n 和 l

要点提示：n 和 l 的发音有相同之处，发音部位都是舌尖中音，但不同的是发 n 时软腭必须下降，完全封闭口腔，让气流全部从鼻腔出来；而发 l 时软腭必须上升，完全封闭鼻腔，让气流通过舌的两侧从口腔出来。初学者练习这两个音时可以捏住鼻子区别一下，发 n 时应该感觉有困难，而发 l 时则感觉不到困难。

1. 听辨

碾 泪 馁 柳 妞 揽 臬 聂 怒 路 峦 里 落 肋 例 南
力 乱 暖 奴 难 榴 扭 溺 拗 恋 郎 鸟 拧 领 农 虐
略 论 轮 嫩 捏 列 乐 猎 捞 闹 纳 努 乃 赖 牛 泥
料 挪 罗 良 撑 烈 孳 垄 浪 脓 酿 男 吕 拦 脑 旅

2. 发音

2.1 单音节对比练习

念—恋　耐—赖　内—类　脑—老　男—蓝　农—龙
懦—落　孳—猎　牛—流　能—棱　努—虏　虐—略
囊—郎　酿—亮　鸟—了　拧—领

2.2 双音节对比练习

2.2.1 n-l

纳凉　哪里　脑力　内力　尼龙　能量
逆流　凝练　暖流　年轮　年龄　奶酪

2.2.2 l-n

林农　烂泥　留念　连年　历年　落难　冷暖　流脑　老年　遛鸟

2.3 混合练习

女客——旅客　河南——荷兰　年代——连带　逆行——厉行
烂泥——烂梨　农人——龙人　凝脂——灵芝　牛年——流年
扭转——流转

2.4 绕口令练习

老龙恼怒闹老农，老农恼怒闹老龙，农怒龙恼农更怒，龙恼农怒龙怕农。

牛郎恋刘娘，刘娘念牛郎。牛郎年年恋刘娘，刘娘连连念牛郎，郎念娘来娘恋郎。

（三）分清f和h

要点提示：唇齿音f和舌根音h发音方法上有共同之处，都是擦音，即发音部位都未形成完全阻塞，而是留一点儿缝隙，让气流摩擦成音；但发音部位上f是唇齿，h是舌根与软腭，二者截然不同。

1.听辨

乏 或 反 混 饭 副 风 佛 发 喊 活 昏 会 慌 幅 封
否 话 罚 唤 含 黑 非 婚 分 放 丰 凡 富 湖 怀 法
货 沸 汉 番 户 缓 伐 帆 获 挥 魂 谎 泛 负 伏 奋
馄 福 祸 寒 阀 幻 冯 浮 晃 荤 飞 辉 费

2.发音

2.1 单音节对比练习

分—昏　阀—滑　飞—灰　浮—湖　反—缓
否—吼　废—汇　夫—呼　府—虎　发—花
肥—回　翻—欢　凡—环

2.2 双音节对比练习

2.2.1 f-h

返航　废话　分化　粉红　繁华　发昏
复活　发挥　伏虎　符号　焚毁　浮幻

2.2.2 h-f

活佛　挥发　划分　化肥　红粉　合肥　画幅　混纺　回访　恢复　海防

2.3 混合练习

发生——花生　方圆——荒原　芳草——荒草
起飞——起灰　洪湖——洪福　吩咐——分户
印发——印花　花费——花卉　不凡——不还

2.4 绕口令练习

会糊我的粉红活佛，来糊我的粉红活佛，不会糊我的粉红活佛，不要胡糊、乱糊，糊坏了我的粉红活佛。

黑肥混灰肥，灰肥混黑肥。黑肥混灰肥，黑肥黑又灰。灰肥混黑肥，灰肥灰又黑。黑肥混灰肥，肥比灰肥黑。灰肥混黑肥，肥比黑肥灰。

（四）分清 j、q、x 和 z、c、s

要点提示：j、q、x 和 z、c、s 的发音部位、发音方法比较接近，是普通话语音学习的一个难点。j、q、x 正确的发音应该是舌面前部隆起，并靠近硬腭最前端，对气流形成阻塞。此时的舌尖应该埋在下齿背，别让它在发音时起到作用。

音频 04-4

1. 听辨

鸡 紫 记 寄 姿 计 资 滋 纪 季 挤 际 姊 基 肌 梓
饥 继 齐 器 气 汽 次 启 刺 弃 企 契 西 四 丝 洗
细 戏 系 喜 期 私 撕 思 稀 肆 嬉 犀 自 字 忌 徙
栖 既 似 齐 饲 溪 杞

2. 发音

2.1 单音节对比练习

几—子 肌—滋 麂—籽 器—次 希—司 稽—姿 计—自
起—此 齐—词 西—丝 积—资 将—脏 枪—仓 修—艘

2.2 双音节对比练习

2.2.1 j、q、x-z、c、s

下策 席子 其次 系词 缉私 习字 袖子 集资 妻子 心思

2.2.2 z、c、s-j、q、x

资金 私心 思想 思绪 瓷器 自觉 四季 自己 赐教

2.3 混合练习

雄鸡——雄姿 基本——资本 太挤——太紫 有气——有刺
西方——私方 大戏——大肆 气数——次数

2.4 绕口令练习

紫茄子，茄子紫，紫茄子结子，紫皮不紫子；茄子紫结子，皮紫子也紫。有紫皮不紫子的紫茄子，就有皮紫子也紫的茄子紫。

锡匠的妻子自己做锡，漆匠的妻子自家做漆。锡匠的妻子心中有气，漆匠的妻子话中有刺。你刺来我气去，你气来我刺去，彼此相互瞧不起。

（五）分清r和l、y、n

要点提示：r和zh、ch、sh一样，都是舌尖后音。但zh、ch、sh发音时舌尖与硬腭对气流形成了完全阻塞，而r发音时舌尖与硬腭对气流未形成完全阻塞，而且声带是颤动的，是浊音。zh、ch、sh发音时声带是不颤动的，是清音。相比之下sh的发音与r相近些，因为sh排阻时与r相同，气流是通过一条缝隙摩擦而出的，所以只要在发sh音的位置和方法上，颤动声带就成r音了。

分清r和l、y、n

音频04-5

1. 听辨

日 艺 肉 染 蓝 难 眼 肉 幼 远 暖 乱 如 路 冷 能
容 荣 热 了 乐 仍 蕊 绕 烙 闹 要 然 冉 懒 让 浪
样 任 忍 融 儒 躁 冗 龙 佣 汝 奴 弱 润 论 有 楼
漏 入 褥 陆 壤 朗 养 隆 浓 言 栏 惹 锐 韧 印

2. 发音

2.1 单音节对比练习

染—揽—演—赧 瓢—郎—洋—囊 热—乐—业—聂
绕—烙—药—闹 容—龙—颐—农 软—卵—远—暖

2.2 双音节对比练习

2.2.1 r-l、y、n

乳酪 日益 忍耐 热烈 任意 柔嫩 燃料 惹眼
肉牛 人力 日夜 容量 肉眼

2.2.2 l、y、n-r

例如 内容 依然 利润 懦弱 犹如 连任 纳入
炎热 猎人 怒容 仪容 炼乳 印染

2.3 混合练习

褥子——路子 绕道——要道 入目——怒目 肉眼——右眼
染色——眼色 犹如——油炉 跃然——越南 出入——出路
热天——乐天 肉冻——漏洞 入骨——露骨 轻柔——清油

燃料——颜料

2.4 绕口令练习

姚然和饶南，二人学印染。

姚然印尼龙，饶南染呢绒。

姚然偷懒不愿干，饶南熔炉勇冶炼。

老尤买肉绕远路，小刘提油晒被褥。

肉油不对老尤的路子，漏油染了小刘的褥子。

（六）分清 b、d、g、j、z、zh 和 p、t、k、q、c、ch

要点提示：根据发音方法中气流的强弱，普通话声母有不送气和送气之分。b、d、g 和 j、z、zh 是不送气的塞音和塞擦音，p、t、k 和 q、c、ch 是送气的塞音和塞擦音。所谓送气音一靠持阻时蓄足气流，二靠排阻时打开声门，并伴有些微摩擦。部分方言区的人发送气音有困难，或将不送气音与送气音相混淆。

音频04-6

1. 听辨

蒸 汽 斑 病 平 常 昨 天 被 迫 机 器 政 策 出
租 汽 车 当 添 台 半 边 填 态 度 存 在 常 胀
站 杂 亲 进 甜 地 头 群 才 产 客 观 当 点 台
诚 恳 管 扩 大 智 体 器 摆 归

2. 发音

2.1 单音节对比练习

地—替 加—掐 找—吵 赞—灿 搞—烤 尖—牵 猪—出
栽—猜 抱—炮 搭—塌 鼓—苦 句—趣 闸—查 邹—周

2.2 双音节对比练习

2.2.1 b、d、g、j、q、zh、z-p、t、k、q、ch、c

被迫 打听 概括 坚强 主持 再次 侦察
电台 顾客 技巧 专长 总裁 座次

2.2.2　p、t、k、q、ch、c-b、d、g、j、q、zh、z

判断　态度　客观　请教　存在　旁边　停顿　考古　秋季　车站　操作

2.3　混合练习

肚子——兔子　找菜——炒菜　掰手——拍手　摔跤——摔锹

波上——坡上　浦东——普通　淡化——碳化　不知——不吃

把手——扒手　金字——亲自　讲话——抢话　监制——牵制

2.4　绕口令练习

盆瓶碰冰棒，冰棒碰盆瓶。碰盆盆不怕，碰瓶瓶必崩。

大陶打大盗，大盗投短刀。叮当短刀掉，大盗挥头逃。

哥挎瓜筐过，瓜筐滚宽沟。隔沟看瓜筐，瓜滚哥怪沟。

金秦请亲戚，经济极拮据。急切去借钱，鸡酒全聚齐。

朱家有株竹，竹笋初长出。常锄笋来煮，锄完不再出。

早晨早早起，早起做早操。人人做早操，做操身体好。

二、韵母发音训练

韵母主要由元音构成，普通话中的韵母共有24个，按结构可分为单韵母、复韵母和鼻韵母三类。单韵母6个：a、o、e、i、u、ü；复韵母9个：ai、ei、ui、ao、ou、iu、ie、üe、er；前鼻韵母5个：an、en、in、un、ün；后鼻韵母4个：ang、eng、ing、ong。韵母发音训练如下：

（一）分清前后鼻韵母

音频05-1

要点提示：前后鼻音最难区别的是 in 和 ing、en 和 eng，发 ing 时千万注意不要在 i 和 ng 之间加上 e 音。

1. 听辨

神　井　横　本　盛　行　心　神　怎　兵　等　竟　声　风　很　竟
肯　坑　请　并　宾　顺　新　兴　担　当　增　民　命　喊　行　奉
送　用　顶　邓　精　辛　返　防　横　音　问　营　冷　清　双　唇
冲　淡　圣　另　愣　浪　蓝

2. 发音

2.1 单音节对比练习

森—僧　根—耕　宾—兵　人—仍　线—相　反—纺　问—瓮　尖—江

濒—冰　喷—烹　民—名　门—盟　枕—整　信—幸　分—风　音—英

2.2 双音节对比练习

2.2.1 n-ng

新兴　真正　临刑　进行　尽兴　神圣　晨星

运用　战场　端庄　肝脏　反方　艳阳　坚强

2.2.2 ng-n

迎宾　灵敏　领巾　登门　称臣　扬言　账单　防范　壮观　抢险　藏蓝

2.3 混合练习

人民——人名　轻身——轻声　清真——清蒸　陈旧——成就

弹琴——谈情　信服——幸福　亲近——清净　木盆——木棚

新年——新娘　余温——渔翁

2.4 绕口令练习

生身亲母亲，谨请您就寝，请您心宁静，身心挺要紧。新星伴月明，银光澄清清，尽是清静境，警铃不要惊。您醒我进来，进来敬母亲。

老翁捧着一个盆，路过老温干活儿的棚，老温的棚碰了老翁的盆，棚倒盆碎棚砸盆，盆碎棚倒盆撞棚。老翁要赔老温的棚，老温要赔老翁的盆，老温陪着老翁去买盆，老翁陪着老温来修棚。

（二）分清宽窄复韵母、鼻韵母

要点提示：普通话复韵母和鼻韵母中的主要韵母舌位高低不同，形成了宽窄对比关系。舌位低，开口度大，则宽；舌位高，开口度小，则窄。普通话中有这一明显对比关系的复韵母和鼻韵母有11对。它们是：ai（uai）-ei（uei），ao（iao）-ou（iou），ia-ie，ua-uo，an-en，ian-in，uan-uen，üan-un，ang-eng，iang-ing 和 uang-ueng（ong）。

音频05-2

1. 听辨

带　得　给　类　快　到　够　潦　六　高　家　爹　列　恰　写　话

抓 说 捉 夺 怎 林 见 近 县 吨 栓 专 谆 省 刚 灯
两 领 将 定 瓮 改 来 擂 非 叫 找 久 挖 缩 灿 肾
牵 亲 船 唇 刚 登 想 醒 双 翁 弓

2. 发音

2.1 单音节对比

改—给　怪—贵　好—吼　销—修　洽—怯　蝉—沉

连—林　管—滚　全—群　廊—棱　将—净　汪—翁

光—功　团—屯　早—走　埋—煤　高—沟　婉—稳

2.2 双音节对比练习

2.2.1 ai（uai）、ao（iao）、ia、ua-ei（uei）　ou（iou）、ie、uo

外围　老楼　娇羞　嫁接　花朵　排队　快回

到头　郊游　虾蟹　瓜果　带队　造就

2.2.2 ei（uei）、ou（iou）、ie、uo-ai（uai）、ao（iao）、ia、ua

内在　鬼怪　柔道　修表　腋下　说话　悲哀

手套　油条　接洽　坐化　构造

2.2.3 an、ian、uan、üan、ang、iang、uang-en、in、uen、ün、eng、ing、ueng（ong）

安分　浅近　还魂　眩晕　章程　响应　矿工

版本　烟瘾　传闻　援军　长城　乡情　双龙

2.2.4 en、in、uen、ün、eng、ing、ueng（ang）-an、ian、uan、üan、ang、iang、uang

伸展　谨严　论断　军犬　正常　营养　分担　心眼　混乱　捧场　影像

2.3 混合练习

分派——分配　不怪——不贵　桃子——头子　治疗——滞留

夹生——接生　华人——活人　验色——印色　转点——准点

姻缘——阴云　长度——程度　降价——镜架　目光——目空

2.4 绕口令练习

大妹卖小麦，小妹买小麦。小妹嫌太贵，大妹不见怪。

小邱走小桥，小手搂小球。小桥摇又摇，小球掉小沟。

小谢赶鸭子，小夏摘椰子。椰子压了鸭子，鸭子吃了椰子。

小锅不是小瓜，小说不是小刷。刷锅不能说成刷瓜，说锅不能说成说瓜。出了边门向南看，深山在建发电站。人人认真把活儿干，歌声阵阵红旗展。长城宽，长城长，长城顶上真清凉。登长城，长城登，登上长城心明亮。

（三）分清展唇、圆唇韵母

要点提示：根据唇形的不同，普通话e和o（uo）、i和u、ie和üe、ian和üan、in和ün有圆展（不圆）之分。以上五对，前者展，后者圆，形成了对比关系。

音频05-3

1. 听辨

割 果 喝 勒 活 泼 摸 过 瑟 脱 戈 抑 起 郁 寓 里
意 记 取 绿 立 曲 剧 皮 机 接 切 却 决 略 雪 列
阶 写 学 月 阅 业 千 全 浅 卷 选 辨 悬 怨 言 先
前 渊 源 近 寻 亲 军 新 群 勤 印 云 韵 因 斤 俊

2. 发音

2.1 单音节对比练习

阁—国　乐—落　德—夺　特—唾　贺—或　哲—灼
起—娶　力—绿　吸—嘘　机—驹　拟—女　以—雨
涅—虐　列—略　节—决　怯—却　斜—穴　页—悦
兼—捐　前—泉　先—宣　沿—悬　演—远　箭—眷
引—运　今—均　侵—裙　莘—训　尽—峻　银—云

2.2 双音节对比练习

2.2.1　e-o（uo）、i-ü

各国　合伙　婀娜　折磨　瑟缩　异域　利率　唏嘘　崎岖　急剧

2.2.2　o（uo）-e、ü-i

国歌　过河　挫折　火车　撮合　墨盒　说客
绿地　预期　雨衣　取缔　履历　拘泥　聚集

2.2.3　ie-üe、ian-üan

解决　节约　解约　谐谑　谢绝
演员　缱绻　垫圈　棉卷　田园　衔冤　烟卷

2.2.4 üe-ie、üan-ian

月夜　诀别　决裂　确切　血液　学业　越野

怨言　权变　眷恋　全面　宣言　元件　捐钱

2.2.5 in-ün、ün-in

进军　音讯　民运　亲允　阴云　因循　寻亲　寻衅　云锦　云鬓

2.3 混合练习

乐意—络绎　客气—阔气　老歌—老锅　栗色—绿色

戏言—序言　打猎—大略　截断—决断　潜力—权力

颜色—原色　事件—试卷

2.4 绕口令练习

鹅合伙过河，河渡合伙的鹅。合伙的鹅过河，鹅多河阔；河渡合伙的鹅，河阔鹅多。

游戏赌具，予以取缔。街区里委，解决问题。群心相印，进军体育。决裂恶习，皆大欢喜。

山前有个颜圆眼，山后有个颜眼圆，二人山前来比眼。不知是颜圆眼的眼圆，还是颜眼圆的眼圆。

三、声调发音训练

声调是音节中具有区别意义作用的音高变化。例如 yī（一）、yí（移）、yǐ（已）、yì（译）四个音节的声母和韵母都相同，但意义不同，这是因为声调不同的原因。汉语的声调可以从调值和调类两个方面来分析。

音频 06

（一）普通话的声调分类

我们采用五度标记法来标示普通话的读音。所谓五度标记法是指用五度竖标来标记调值相对音高的一种方法。画一条竖线，分作四格五度，表示声调的相对音高，并在竖线的左侧画一条线，表示音高的升降变化。根据这条线的形式，制成五度标调符号，有时也采用两位或三位数字表示。

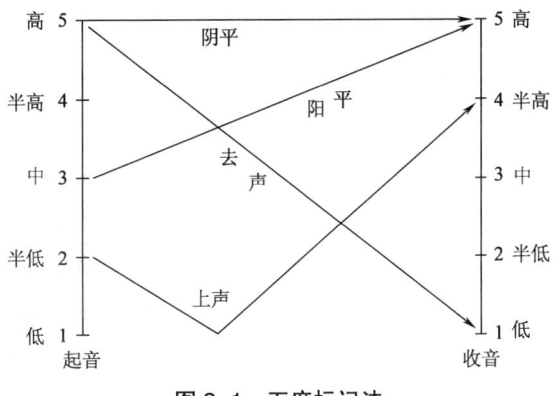

图 2-1　五度标记法

1. 阴平

高而平。用五度标记法来表示，就是从 5 度到 5 度。表示声音比较高，并且无明显升降变化。调值为 55。例如：

青春光辉　春天花开　新屋出租

2. 阳平

由中音升到高音。用五度标记法表示，就是从 3 度升到 5 度。声带从不松不紧开始，逐步绷紧，直到最紧，声音从不低不高到最高。调值为 35。例如：

人民银行　连年和平　农民犁田

3. 上（shǎng）声

由半低音先降到低音再升到半高音。用五度标记法表示，是从 2 度降到 1 度再升到 4 度。声带从略微有些紧张开始，立刻松弛下来，稍稍延长，然后迅速绷紧，但没有绷到最紧。调值为 214。例如：

彼此理解　理想美满　永远友好

4. 去声

由高音降到低音。用五度标记法表示，是从 5 度降到 1 度。声带从紧开始到完全松弛为止，声音从高到低，音长是最短的。调值为 51。例如：

世界教育　报告胜利　创造利润

(二) 声调训练

1. 听辨

啥	就	哈	个	是	里	使	多	区	见	动	日	乏	松
本	枯	复	地	每	哨	飞	我	他	黑	靠	叫	或	换
红	开	家	黎	吹	很	撒	做	被	嘴	碎	袄	阔	在
紧	很	歌	德	熬	要	南	部	落	筋	木	奴	凉	嫩
岸	最	新	分	古	湖	哭	字	催	匿	迹	伙		

2. 发音

2.1 单音节对比练习

风—逢—讽—奉　冲—虫—宠—铳　非—肥—斐—沸

鸳—缘—远—愿　多—夺—朵—舵　迂—余—雨—遇

撑—成—逞—秤　诗—实—史—室　坡—婆—叵—破

2.2 双音节对比练习

双音节词语中，上声在其他音节前会变调，但这里做音节对比训练，音节之间要求分开来念，每个音节的声调都要求读完整，与读双音节词语有所不同。

2.2.1　阴平—阳平　阳平—阴平

包合　欢迎　通俗　晶莹　汤匙　贪财　捏合

投机　年初　尼姑　活该　浑身　合家　迭出

2.2.2　阴平—上声　上声—阴平

颠簸　灯火　悲喜　斑马　瑰宝　丰满　归省

脊椎　野炊　免修　起飞　取消　染缸　嗓音

2.2.3　阴平—去声　去声—阴平

纱罩　绅士　深度　失措　豌豆　将近　私自

话锋　叫嚣　竞争　竣工　矿砂　劣绅　蜜蜂

2.2.4　阳平—上声　上声—阳平

才子　常委　答礼　敌手　烦琐　缝补　截止

解馋　砍伐　口头　了结　顶楼　匹敌　歹毒

2.2.5 阳平—去声　去声—阳平

强化　前后　评价　奴隶　南宋　辽阔　回忆

讳言　后勤　复仇　大梁　道德　触觉　闭合

2.2.6 上声—去声　去声—上声

海盗　讲话　火药　哄骗　虎视　谎报　酒会

后悔　就此　犒赏　叩首　掠影　默许　劝勉

2.2.7 阴平—阳平—上声—去声

星河璀璨　山河美丽　天然宝藏　资源满地

风调雨顺　山明水秀　花红柳绿

2.2.8 去声—上声—阳平—阴平

刻骨铭心　妙语连珠　妙手回春　异口同声

破釜沉舟　痛改前非　笑口常开　绿水浮舟

2.3　混合练习

人名—人命　师范—示范　开花—开化　同时—同事

音箱—音像　拟人—泥人　顶嘴—顶罪　上海—商海

游历—游离　合营—合影　平凡—平反　早期—早起

照例—照理

2.4　绕口令练习

姥姥捞酪，酪落姥姥老捞；舅舅揪鸠，鸠溜，舅舅又揪鸠；妈妈抹马，马麻，妈妈骂马；妞妞遛牛，牛拗，妞妞扭牛。

黄猫毛短戴长毛帽，花猫毛长戴短毛帽，不知短毛猫的长毛帽比长毛猫的短毛帽好，还是长毛猫的短毛帽比短毛猫的长毛帽好。

四、语流音变发音训练

要点提示：语流是由一个个连在一起有时又是相对独立而完整的语言单位形成的，所以在读或说这些相对独立而完整的连续音节时，既要一气呵成，使前后两个音节紧密相连，不能出现一字一顿、相互割裂的情况，又要注意当前一个音节的末尾与后一个音节开头的音素相连时，由于彼此受到影响而在声母、韵母或声调上所产生的语音变化。语流音变主要有变调、轻声、儿化、语气词"啊"音变等几种类型。

（一）轻声发音训练

要点提示：普通话的每个音节都有一定的声调。但在一定的语言环境中，有的音节失去原调，变成一种又轻又短的调子，这就是轻声。一般来说，任何一种声调的字，在一定条件下，都可以失去原来的声调，变为轻声。比如"桌子、过来、西瓜、笑着"中的"子、来、瓜、着"，单念时都有固定的声调，但在这些词语里都读得既短又轻，我们把这些字叫作轻声字。轻声不是普通话四种声调以外的另一类声调，它只是语流当中的一种音变现象。

音频 07-1

1. 轻声变读的规律

第一，语气词。例如：来吧 你呢 走吗 好啊

第二，助词。例如：我的 很快地 好得多了 唱着 去了 吃过

第三，方位词。例如：家里 桌上 楼下 那边

第四，趋向动词。例如：进来 出去 拉开

第五，名词后缀。例如：孩子 石头

第六，重叠词。例如：爸爸 侃侃

第七，联绵词。例如：唠叨

第八，量词"个"。例如：一个 三个

2. 轻声词三种类型

第一种：必读轻声词

例如：把手 打量 恶心 福分 高粱 合同 价钱 老实 麻烦
　　　奴才 漂亮 勤快 热闹 时候 抬举 味道 硬朗 状元

第二种：两可轻声词。即普通话中可以读作轻声，也可以不读作轻声。

例如：聪明 教训 力量 轻巧 舒展 挖苦 周到 名气 打算

第三种：两读轻声词。即有些词轻读与否有区别意义的作用，要根据具体语境来判定读音。

3. 轻声训练

3.1 听辨

考究 来路 卖弄 娘家 皮肉 俏皮 热闹 洒脱 态度 委屈 张罗

报酬　称呼　打发　风扇　告示　合同　奸细　咳嗽　骆驼　挪动　篇幅
勤快　任务　位置　吓唬　胭脂　帐篷　白净　出息　耽搁

3.2 发音

3.2.1 分组对比

（1）阴平+轻声（音高2度）

　　衣服　出息　先生　牲口　知识　窗户　庄稼
　　嘀咕　答应　接着　功夫　休息　知识　风筝

（2）阳平+轻声（音高3度）

　　白净　朋友　名字　学问　神甫　麻烦　除了
　　粮食　糊涂　便宜　学生　头发　棉花

（3）上声+轻声（音高4度）

　　已经　晚上　嘴巴　底下　好处　脊梁　伙计
　　了得　老婆　哪里　牡丹　使唤　属相

（4）去声+轻声（音高1度）

　　素净　唾沫　悟性　砚台　钥匙　硬朗　做作
　　字号　壮实　顺当　亲家　炮仗　阔气

3.2.2 同组对比

{地方 dì fang（部分；某一区域，空间的一部分，部位）
{地方 dì fāng（与中央相对的行政区；本地，当地）

{合计 hé ji（盘算；商量）
{合计 hé jì（合在一起计算，总共）

{呼噜 hū lu（鼾声）
{呼噜 hū lū（象声词）

{精神 jīng shen（活力；活跃，有生气）
{精神 jīng shén（指意识、思维和心理状态；宗旨）

{开通 kāi tong（不守旧，不固执；使开通）
{开通 kāi tōng（使原来闭塞的不闭塞；交通、通信等线路开始使用）

{口音 kǒu yin（说话的声音；方言）
{口音 kǒu yīn（相对鼻音而言，从口腔出来的声音）

利害 lì hai（难以对付或忍受，剧烈，凶猛）
利害 lì hài（利益和损害）

男人 nán ren（丈夫）
男人 nán rén（男性的成年人）

难处 nán chu（困难）
难处 nán chǔ（不容易相处）

千斤 qiān jin（千斤顶的简称；机器中防止齿轮倒转的装置）
千斤 qiān jīn（指责任重）

人家 rén jia（别人，指某人或某物；指"我"，有俏皮或亲热意味）
人家 rén jiā（住户；家庭；指未来的丈夫家）

想法 xiǎng fa（思索所得的结果，意见）
想法 xiǎng fǎ（设法，想办法）

星星 xīng xing（夜晚在天空中闪烁发光的天体）
星星 xīng xīng（细小的点儿）

兄弟 xiōng di（弟弟；亲切称呼比自己小的男子；谦称自己）
兄弟 xiōng dì（哥哥和弟弟）

3.2.3　绕口令练习

葫芦胡同胡老五，晚上睡觉打呼噜。睡到半夜一糊涂，隔着窗户掉外头。护着屁股不护头，搬了块砖头当枕头。呼噜呼噜接着睡，一觉迷糊到正晌午。

（二）变调发音训练

要点提示：音节连续发出时，有些音节的声调会发生变化，而与单字调值不同，这种变化就是变调。普通话主要有上声的变调、"一""不"的变调和重叠式形容词的变调等。

音频 07-2

1. 上声变调的规律及训练

1.1　上声变调的规律

1.1.1　两个上声相连，前面一个上声字变成阳平。

例如：美好　水果　理想

1.1.2　三个上声字相连，前面两个上声字变成阳平。

　　　　例如：很勇敢　演讲稿　展览馆

1.1.3　三个以上的上声字相连，按词或语气划分为两个或三个字一节，然后按照上述方法变调。

　　　　例如：我很｜了解你。

　　　　　　　请你｜给我｜整理好。

1.1.4　上声在非上声（阴平、阳平、去声）前变为半上声（调值由214变为211）。

　　　　例如：北京　火车　祖国　朗读　土地　宇宙

1.1.5　上声在轻声音节前变成半上声或近似阳平。

（1）上声与本调是阴平、阳平、去声的轻声字相连，变为半上声。

　　　　例如：比方　讲究　枕头　老实　口气　脑袋

（2）上声与本调是上声的轻声字相连，变为近似阳平。

　　　　例如：打手　小姐

（3）上声重叠表示亲属称谓的词，变为"半上＋轻声"。

　　　　例如：姥姥　姐姐

1.2　训练

1.2.1　听辨（听辨每组有几个上声连上声的变调）

普通　主张　宝贵　反对　紧张　火气　忍心　柳树　早晨　赶紧
也许　举止　解放　可怜　老师　检验　喘气　底下　主任　主人
有力　总算　美好　有理　产业　巩固　赌气　水火　指南　很浅
眼睛　讲义　假设　草原　美观　抖动　搞好　总理

1.2.2　发音

（1）分组对比

①半上（211）＋阴平（55）

　　　把关　导师　点播　海滨　火光　酒家

　　　马蜂　抹黑　起兵　请安　闪光　铁窗

②半上（211）＋阳平（35）

　　　齿轮　导读　倒台　抵达　典籍　耿直　诡谲

　　　几何　凯旋　苦寒　挽留　老巢　险情

③ 半上（211）+ 去声（51）

蠢事　打造　耳顺　反对　粉黛　火爆　简化

解放　紧凑　举办　口气　企业　眼力

④ 阳平（24）+ 上声（214）

补养　处暑　导演　顶嘴　反响　拱手　广远

滚滚　好手　虎口　请柬　引水

⑤ 半上（211）+ 轻声

打听　软和　养活　哑巴　舍得　比画　椅子　嫂嫂　奶奶

⑥ 阳平（24）+ 轻声

脑腆　想起　走走　手里　耳朵　打扫　洗洗

想法　抖抖　晌午　打点　搂搂

（2）同组对比

本村、本行、本队——本组　　采编、采集、采纳——采取

法官、法人、法律——法网　　好多、好人、好话——好手

脚跟、脚炉、脚镣——脚掌　　演出、演员、演戏——演讲

（3）语句练习

我感到自己并不矮谁一等，可不知怎么，一走进里头，就脑腆得像滚水洗过脸蛋一样，热乎乎的，语言没有了，想法也没有了。别说要做选举前的演讲，就是那一双手，也一直在那儿一个劲儿地抖，亏得大家对我挺友好，掌声不断，于是我勇敢地走上了讲台。

2. 重叠式形容词的变调规律及训练

重叠式形容词的形式有三种，即 AA 式、ABB 式和 AABB 式。

2.1　AA 式

一般不变调。例如：快快地　长长的

只有带儿化韵尾时第二个叠字变成阴平。

例如：慢慢儿地　暖暖儿的　满满儿的　短短儿的

2.2　ABB 式

后面的两个叠字都变成阴平。

例如：冷冰冰　热腾腾　甜蜜蜜　绿油油

2.3 AABB 式

第二个字变轻声，第三、四个字变阴平。

例如：干干净净　漂漂亮亮　明明白白　整整齐齐

上述几种重叠式形容词，如果念得缓慢而又清楚，不变调也可以。至于一部分书面语言中的重叠式形容词，则不能变调。

3. "一、不"的变调规律及训练

3.1 "一、不"的变调规律

3.1.1 "一、不"单念或用在词句末尾以及"一"在序数中，声调不变，"一"读阴平，"不"读去声。

例如：一、二、三　始终如一　第一　不　偏不

3.1.2 在去声字前读阳平。

例如：一定　一切　一块　不够　不错　不吝

3.1.3 在非去声字（阴平、阳平、上声）前，"一"变去声，"不"仍读去声。

例如：一心　一年　一起　不吃　不同　不管

3.1.4 夹在重叠的词中间或肯定否定连用时，读轻声。

例如：看一看　尝一尝　来不来　管不管

3.2 训练

3.2.1 听辨（听辨每组有几个在去声前的变调）

一本　一壶　一站　一盏　一道　一瓶　一桌　不理　不会　不说

不笑　一夜　一窗　一床　一眼　一块　一篇　一片　一万　一碗

不足　不念　不凡　不犯　不睡　不妨　不讳　一瞬　不便　一层

3.2.2 发音

（1）分组对比

① 去声"一"+非去声字

一身　一天　一些　一张　一连　一起　一排

一人　一时　一头　一直　一伙　一举　一脸

② 阳平"一"+去声字

一半　一旦　一概　一晃　一路　一切　一色

一束　一味　一向　一线　一样　一阵　一致

③ 去声"不"+非去声字

不安　不单　不公　不羁　不禁　不兴　不依

不白　不才　不迭　不仁　不祥　不时　不宜

不齿　不法　不管　不仅　不可　不已　不止

④ 阳平"不"+去声字

不必　不错　不断　不论　不日　不善　不致

不但　不对　不够　不妙　不胜　不用

（2）混合练习

一尺一寸　一心一意　一笔一画　一生一世　一词一句　一左一右

一前一后　一时一刻　不三不四　不干不净　不伦不类　不闻不问

不紧不慢　不冷不热　不明不暗　不折不扣

（3）语句练习

王老汉手里拿着一根不长不短的鞭子，赶着一辆不新不旧的车子，载着不多不少的柿子，一路上哼着不高不低的调子，走进了一个不大不小的寨子。

4."七、八"的变调

"七、八"在去声前可以变成阳平，其余场合念原调阴平。

例如：七岁　七担　七路　八岁　八担　八路（念阳平或阴平）；

　　　七天　七成　七亩　八支　八篮　八辆（仍念阴平）

（三）儿化发音训练

音频07-3

要点提示："儿化"指的是后缀"儿"与它前一音节的韵母结合成一个音节，并使这个韵母带上卷舌音色的一种特殊音变现象。这种卷舌化了的韵母就叫作"儿化韵"。普通话的韵母除 er、e 之外，都可以儿化。儿化韵里的 er 不能念成 er，只在前面韵母的元音上附加一个卷舌动作，使那个韵母带上卷舌的声音。

例如：歌儿 ger 花儿 huar

1."儿化韵"的发音规律

1.1 音节末尾是 a、o（包括 ao、iao 中的 o）、e、i、u 的，韵母直接卷舌。

例如：a-ar　　手帕儿　马扎儿

　　　ia-iar　　人家儿　豆芽儿

ua-uar	牙刷儿	香瓜儿
o-or	山坡儿	锯末儿
uo-uor	被窝儿	发火儿
e-er	小车儿	方格儿
ie-ier	台阶儿	半截儿
üe-üer	丑角儿	木橛儿
u-ur	小屋儿	水珠儿
ao-aor	灯泡儿	笔帽儿
iao-iaor	面条儿	小鸟儿
ou-our	小猴儿	纽扣儿
iou-iour	小球儿	短袖儿

1.2 韵尾是 i、n 的（除 in、un 外），失落韵尾，主要元音卷舌。

例如：		
ai-ar	小孩儿	口袋儿
uai-uar	一块儿	乖乖儿
ei-er	刀背儿	晚辈儿
uei-uer	有味儿	一会儿
an-ar	心肝儿	花瓣儿
ian-iar	笔尖儿	一点儿
uan-uar	拐弯儿	茶馆儿
üan-üar	转圈儿	手绢儿
en-er	课本儿	脑门儿

1.3 韵母是 in、un 的，儿化时失落 n、i、ü 等主要元音加卷舌动作。

例如：in-ier 背心儿　脚印儿　　ün——üer 花裙儿　合群儿

1.4 韵母是 i、ü 的，加卷舌动作。

例如：i-ier 玩意儿　米粒儿　　ü——üer 有趣儿　金鱼儿

1.5 韵母是 -i（前）、-i（后）的，失落韵母 -i（前）、-i（后），加 er。

例如：词儿　事儿　树枝儿　锯齿儿

1.6 韵尾是 ng 的，失落韵尾，并将前面的元音鼻化，并加卷舌动作。

例如：		
ang-ãr	帮忙儿	药方儿
uang-uãr	蛋黄儿	天窗儿

eng-ēr	门缝儿	头绳儿
ong-õr	胡同儿	没空儿
iong-iõr	小熊儿	
ing-ĩr	打鸣儿	花瓶儿

2. 儿化词的作用及类型

2.1 作用

2.1.1 区别词义

例如：头 tóu（脑袋）　　　　　　头儿 tóur（领头的人）

后门 hòu mén（后面的门）　　　后门儿 hòu ménr（非正当途径）

2.1.2 确定词性

例如：画 huà（动词）　　　　　　画儿 huàr（名词）

破烂 pò làn（形容词）　　　　破烂儿 pò lànr（名词）

2.1.3 表示细小、轻微或喜爱的感情色彩

例如：小脸儿　门缝儿　树枝儿　慢慢儿走　说说贴心话儿　女孩儿

2.2 类型

与轻声相似，儿化词也有下面三种类型：

第一种：必读儿化词。所谓必读就是说普通话中必须读作儿化，不读儿化算错。

例如：挨个　冰棍　差点　豆芽　锅贴　好玩　快板　聊天　年头

　　　胖墩　枪子　人影　嗓门　头头　玩意　心眼　沿边　走神

第二种：两可儿化词。所谓两可就是说普通话中可以读作儿化也可以不读作儿化，读或不读都不算错。

例如：暗号　背心　出门　电影　耳垂　费劲　拐弯　花篮　脚印

　　　可口　裂缝　名单　农活　配对　汽水　认错　孙女　袜套

　　　香水　眼皮　账本

第三种：两读儿化词。普通话中有些词读作和不读作儿化有区别意义的作用，要根据语境来判定读音。

例如：病根　吹风　蹬腿　发火　光棍　胡同　加油　老婆　名词

　　　南面　评分　枪眼　人头　死信　听话　外边　笑话　印花

儿化词不仅限于双音节词语，单音节占的比例也不少，例如："本""刺"

"翻""管""画""尖""口""亮""明""拍""气""梳""摊""弯""信""印",其中绝大多数有区别词性的作用。也有三个字的,例如:"豆腐脑""闹着玩""孩子头"等。还有的儿化不在第二个字尾,而在第一个字尾,例如:"兔爷""玩命"等。有的在第一个字或第二个字后面都可以,例如:"哥们""爷们"等。

3. 训练

3.1 听辨(听辨每组有几个丢失韵尾再加卷舌动作的音)

挨肩　熬头　八字　把门　半路　包干　贝壳　爆肚
本色　辨味　病号　菜单　岔道　唱片　春卷　打盹
打鸣　大伙　单弦　旦角　刀把　顶事　够本　够劲
裤兜　面条　墨水　年头　跑腿　配搭　一溜　一下
应名　针鼻　腰板　鸭梨　走道　送信

3.2 发音

3.2.1 分类对比

(1)韵母不变,加卷舌动作

　　豆角　说头　挨个　好好　死扣　碎步
　　饱嗝　台阶　被窝　奔头　掌勺　走调

(2)韵母失落,加卷舌动作

　　差点　出圈　打盹　单弦　调门　快板
　　脸蛋　奶嘴　刨根　扇面　走味　一会

(3)韵母失落,加 er

　　够劲　送信　背心　背阴　对襟　胡琴　脚印
　　合群　树荫　松劲　夹心　带劲　水印

(4)主要元音鼻化,加卷舌动作

　　鼻梁　抽空　粉肠　肩膀　镜框　酒盅　吭声　裂缝
　　亮光　头绳　小葱　鞋帮　蟹黄　人影　蛋清　酒令
　　图钉　小名　眼镜　油饼　慢性　老病　火星

(5)韵母保留,加 er

　　小曲　小鸡　小鱼　茶几　肚脐　书皮　孙女
　　痰盂　小米　心气　枕席　毛驴　老底

（6）韵母失落，换成er

  咬字 锯齿 墨汁 戏词 消食 鼻翅 挑刺

  高枝 铜子 茶匙

3.2.2 同组对比

$\begin{cases} 宝贝 bǎo bèi（r）（对小孩的爱称）\\ 宝贝 bǎo bèi（珍奇的东西；无能或奇怪荒唐的人）\end{cases}$

$\begin{cases} 大小 dà xiǎo（r）（指大小的程度）\\ 大小 dà xiǎo（辈分的高低；大人小孩儿；大的和小的）\end{cases}$

$\begin{cases} 管事 guǎn shì（r）（管用）\\ 管事 guǎn shì（负责管理事务；旧时称企业单位或富人家管总务的人）\end{cases}$

$\begin{cases} 过门 guò mén（r）（唱段或歌曲的前后或中间，由乐器单独演奏的部分）\\ 过门 guò mén（女子出嫁到男家）\end{cases}$

$\begin{cases} 火星 huǒ xīng（r）（极小的火）\\ 火星 huǒ xīng（太阳系八大行星之一）\end{cases}$

$\begin{cases} 加油 jiā yóu（r）（比喻进一步努力，加劲儿）\\ 加油 jiā yóu（添加燃料油、润滑油等）\end{cases}$

$\begin{cases} 老婆 lǎo pó（r）（年老的妇女）\\ 老婆 lǎo po（妻子）\end{cases}$

$\begin{cases} 评分 píng fēn（r）（根据成绩评定分数）\\ 评分 píng fēn（评定的分数）\end{cases}$

$\begin{cases} 枪眼 qiāng yǎn（r）（枪弹打的洞）\\ 枪眼 qiāng yǎn（碉堡或墙壁上开的供向外开枪射击的小孔）\end{cases}$

$\begin{cases} 手心 shǒu xīn（r）（比喻所控制的范围）\\ 手心 shǒu xīn（手掌的中心部分）\end{cases}$

$\begin{cases} 听信 tīng xìn（r）（等候消息）\\ 听信 tīng xìn（听到而相信）\end{cases}$

3.2.3 语句练习

进了门儿，倒杯水儿，喝了两口运运气儿，顺手拿起小唱本儿，唱一曲儿,又一曲儿,练完了嗓门儿练嘴皮儿,绕口令儿,练字音儿,小快板儿,大鼓词儿,又说又唱真带劲儿。

(四)语气词"啊"的音变训练

要点提示:句尾或句中的语气词"啊"由于受其前面音节末尾音素的影响,常常发生音变。有的"同化",如前音节末尾音素为i、n的,后面的"啊"读"呀""哪";有的"增音",如前音节末尾音素为a、o,后面的"啊"都读"呀"。

1. 语气词"啊"的音变规律

1.1 前音节末尾是a、o(除ao、iao外)、e、i、ü几个元音的读为ya(可写作"呀"或"啊")。

例如:(1)怎么给我这么多啊?
(2)多漂亮的天鹅啊?
(3)桂林的山真奇啊!
(4)真有趣啊!

1.2 前音节末尾是u(包括ao、iao)元音的读为wa(可写作"哇"或"啊")。

例如:(1)花篮做得多精巧啊!
(2)好厚的布料啊!
(3)她会不会跳舞啊?

1.3 前音节末尾是n辅音的读为na(可写作"哪"或"啊")。

例如:(1)你是哪里人啊?
(2)一片真心啊!
(3)加油干啊,快下班了。

1.4 前音节末尾ng辅音的读为nga。

例如:(1)河水真清啊!
(2)你真行啊!什么事都能做成啊!
(3)榜样的力量无穷啊!

1.5 前音节末尾是舌尖后元音i或卷舌元音er时,读ra(写作"啊")。

例如:(1)歌声多么悦耳啊!

　　　　（2）她真是一位好老师啊！

　　　　（3）多可爱的小狗儿啊！

1.6　前音节末尾是舌尖前元音 i 时，读 za。

例如：（1）要好好练字啊！

　　　　（2）你可要三思啊！

　　　　（3）虾子啊！鱼刺啊！肉丝啊！

2. 语气词"啊"的音变训练

2.1　分组对比

2.1.1　变读 ya

来啊　去啊　马啊　驴啊　蛇啊　雨啊　水啊

飞啊　追啊　拉啊　拖啊　拽啊　踹啊　拍啊

2.1.2　变读 wa

走啊　跑啊　逃啊　跳啊　找啊　瞧啊　瞅啊

兔啊　虎啊　鹿啊　鼠啊　猪啊　牛啊　狗啊

2.1.3　变读 na

人啊　神啊　仙啊　金啊　银啊　山啊　林啊

船啊　舰啊　天啊　云啊　昏啊　暗啊　阴啊

2.1.4　变读为 nga

风啊　浪啊　重啊　轻啊　红啊　肿啊　熊啊

象啊　狼啊　鹰啊　鲸啊

2.1.5　变读为 ra（写作"啊"）

白纸啊　新诗啊　棍儿啊　管儿啊　手指啊

猛吃啊　不值啊　伴儿啊　印儿啊

2.1.6　变读为 za

鞋子啊　袜子啊　裤子啊　裙子啊　帽子啊　填词啊　青瓷啊　恩赐啊

2.2　同组对比

青春啊　奉献啊　努力啊　学习啊　上街啊　跑步啊　游泳啊

踢球啊　吃饭啊　自私啊　现实啊　更改啊　边远啊　优越啊

瓶儿啊　喝茶啊　真累啊　好苦啊　值得啊

2.3　语句练习

甲：你是谁啊？

乙：我是张立秋啊！

甲：你怎么不进来啊？

乙：我没带钥匙啊！

甲：你这个人真粗心啊！

乙：谁说不是啊！

甲：你刚才在哪儿啊？

乙：在学生会开会啊！

甲：怎么开这么久啊？

乙：有事儿啊！

甲：什么大事儿，不要保密啊？

乙：那你得做记录啊！

甲：官不大，架势不小啊？

乙：就是下个月学校要举行会演啊！

甲：都有哪些节目啊？

乙：跳舞啊，唱歌啊，朗诵啊，乐器啊，还有就是你的精彩主持啊。

[乘机常识3]

孕妇、老人、婴幼儿不宜乘坐飞机

医学研究表明，孕妇、老人、婴幼儿都不太适合乘坐飞机。不过，专家也指出，怀孕36周以内的孕妇，只要经过医师评估，还是可以搭乘飞机的。但是，乘机期间应定时做腿部运动，促进血液循环，同时系好安全带。

有心血管疾病例如高血压、心脏病的老年人，应尽量避免搭飞机旅行。患有上述疾病却不得不搭乘飞机时，专家建议可以试着爬一层楼梯看看，若没有出现任何不适的状况，应该无妨；但仍应请医师评估，同时请教如何克服时差问题，以方便调整用药时间。

高空低氧的环境也不适宜婴儿，不少航空公司规定婴儿必须出生满

14天后才能乘机，以免呼吸器官无法适应。年纪稍长的儿童，则因为中耳、耳咽管等比较敏感，轻者易造成耳朵不适，重者容易晕机，父母可引导儿童用鼓气、吞口水等方式来避免不良反应。

[乘机常识4]
近期动过手术、中耳炎患者最好避免乘坐飞机

近期内曾动过手术（例如眼球手术）的人，或者患有出血性胃溃疡、中耳炎者，不适宜搭乘飞机。专家指出，动过手术后，手术部位的恢复程度不一，最好避免搭乘飞机以防万一；而中耳炎患者容易晕机。

此外，从航空医学和维护旅客健康的角度看，患有下列病症的旅客一般也不适宜乘坐飞机：处于抢救状态的休克、昏迷、颅内压增高等；颅脑损伤、颅骨骨折伴有昏迷或呼吸节律不整者，脑的炎症、肿瘤和近期做过气脑者；重度心力衰竭、心肌炎病后一个月以内，六周内曾发生心肌梗死，近期心绞痛频繁发作，严重心律失常者；脑血管意外病后两周内，高血压病人收缩压超过24kPa（180mmHg）、舒张压超过17.4kPa（130mmHg）者；重支气管哮喘、肺结核空洞、肺气肿、肺功能不全的肺心病，大纵隔肿瘤、先天性肺囊肿、肺叶切除者；近期患自发性气胸、血气胸、渗出型胸膜炎伴有呼吸功能障碍者；重度贫血、外伤性大出血、血红蛋白在60G/L以下者；急性阑尾炎，溃疡面很深的胃肠道溃疡，特大肿瘤，肠梗阻，颅脑、腹部、眼球等脏器或组织损伤伴有积气者；骨折用管型石膏固定和吊重锤牵引者；腹部手术后不足48小时者；破伤风患者；严重中耳炎伴有耳咽管堵塞，严重鼻窦炎伴有鼻腔通气障碍者；固定下颌骨手术者；艾滋病和国家规定的一、二类传染病；狂躁型精神病、癫痫病；酒醉或麻醉品及其他毒品中毒者；带有严重咯血、吐血、出血及呻吟症状的病人；面部严重创伤、有特殊情况可能引起其他旅客厌恶者。

语音练习·一

音频08

（一）声母训练

1. 鼻音 n 与边音 l 对比练习

南—兰　女—吕　拧—领　囊—狼　牛—流　耐—铃　年—连

捺—蜡　内—泪　脑—老　娘—梁　怒—露　农—隆　暖—卵

溺—力　聂—岁　袅—了　懦—落　挠—劳

2. 舌尖前音 z、c、s 与舌尖后音 zh、ch、sh 对比练习

z-zh　暂—站　怎—诊　灾—摘　脏—章　遭—招　籽—纸

　　　纵—仲　祖—煮　则—折　增—睁　邹—粥

c-ch　疵—吃　擦—叉　册—彻　蹭—秤　粗—初　醋—处

　　　蚕—馋　搓—戳

s-sh　撒—傻　赛—晒　色—射　三—山　丧—伤　臊—烧

　　　森—深　僧—升　寺—是　馊—收　随—谁　缩—说

3. 舌面音 j、q、x 的练习

既　即　假　拣　箭　接　届　金　尽　劲　静　期　千　钱　且　青

轻　秋　渠　圈　西　系　鲜　歇　鞋　血　弦　衔　镶　穴　熏

（二）韵母训练

1. 单韵母 i 与 ü 对比练习

记—聚　姨—鱼　起—曲　席—徐　立—绿

你—女　以—雨　洗—许

2. o 与 ou、uo 对比练习

我—藕　破—剖　多—都　寇—阔　佛—否

3. an 与 ang 对比练习

胆—党　板—膀　畔—胖　展—掌　删—商

谈—唐　绽—张　沿—洋　产—场

4. 复韵母 en 与 eng 对比练习

真—争　啃—铿　枕—整　痕—横　申—生　本—绷

笨—泵　扪—蒙　陈—惩　莘—笙　分—风　震—郑

5. 复韵母 in 与 ing 对比练习

您—凝 临—凌 频—凭 金—荆 鬓—病 谨—景

秦—晴 浸—静 缤—冰 阴—英 抿—酩 林—灵

6. 复韵母 ie-ian 对比练习

夜—燕 劣—链 瘪—贬 撇—翩 聂—念 咩—眠 篾—面

（三）声调训练

1. 阴平，调值为 55

滋 秋 钧 军 赃 掐 捏 爹 区

墩 腔 宣 烘 掖 姻 湍 坯 新

2. 阳平，调值为 35

捱 熟 责 层 瘸 原 悬 频 莱 啄

铙 明 汾 违 辖 茗 磨 踝 佟

3. 上声，调值为 214

览 耍 窄 哑 贬 笃 慨 窕 普

阐 涌 舔 笸 忖 瞟 乐 宝 有

4. 去声，调值为 51

盥 喏 这 珐 炽 括 气 矿 料 尬

侩 缪 淬 簇 窍 客 动 菜 壮

（四）音变练习

1. 指出下列上声字的变调

领导 选举 考察 铁道 解除 检察 享受 鼓动 老板

早操 演讲 嫂子 想起 展览馆 买把雨伞 好产品 草稿

2. 指出下列"一、不"的变调

（1）"一"的变调

一路 一件 一会儿 一定 一贯 一发 一些 一年 一直

一品 一起 说一说 看一看 想一想 走一走 笑一笑

（2）"不"的变调

不怕 不用 不要 不错 好不好 去不去

差不多 对不起 来不了 舍不得

3. 指出下列"啊"的音变

（1）真对不起啊！／今天星期几啊？／大伙儿走不走啊？／这是哪儿啊？

（2）您看了几份报纸啊？／快来看啊！／多漂亮的小马啊！

（3）好长的线啊！／在哪儿睡觉啊？／多美的诗啊！

（4）多么可爱的小生灵啊！／小点声啊！／什么时候下的雨啊？

4. 轻声训练

玻璃	称呼	东边	多么	多少	工钱	宽敞	摸索	斯文	温和	兄弟
心里	周到	白天	成分	残疾	得罪	福气	合同	活泼	核桃	篱笆
逻辑	棉花	模糊	南边	神气	时候	琢磨	把手	尺寸	倒腾	反正
脊梁	哪里	晌午	省得	喜欢	养活	主意	凑合	富余	后面	记号
包涵	提防	篇幅	钎子	雀子	烧卖	稀罕	楔子	灶火	嘀咕	模子
年月	牌楼	狍子	跛子	打手	冷清	驮子	俏皮			

5. 儿化音训练

桃花儿	山坡儿	粉末儿	小猴儿	皮球儿	民歌儿	树叶儿	台阶儿
爆肚儿	锅盖儿	口味儿	土堆儿	三轮儿	凉粉儿	脚印儿	玩意儿
药方儿	花瓶儿	本色儿	爷儿们	一股劲儿	应名儿	影片儿	早早儿
细高挑儿	年头儿	绕远儿	圈儿	带儿	碎步儿	一个劲儿	刀把儿
唱片儿	干活儿	愣神儿	那儿	顶牛儿	杂拌儿	一下儿	针鼻儿
响儿	人影儿	豆芽儿	大伙儿	死扣儿	过会儿	送信儿	差点儿
脸蛋儿	脑儿	行李卷儿	人儿	串门儿	围脖儿	爪儿	没事儿

语音练习·二

（一）声母训练

1. 平舌音 z、c、s 和翘舌音 zh、ch、sh 的对比练习

（1）单音节字练习

z–zh：兹—知　子—纸　字—挚　早—找　增—蒸
　　　 赠—正　则—哲　暂—站　最—缀

c–ch：才—豺　惨—产　瓷—池　曹—潮　崔—吹
　　　 擦—插　村—春　粗—初　窜—串

音频09

s-sh：四—是　三—山　素—树　随—谁　森—身

　　　　洒—傻　桑—伤　撒—手　赛—晒

（2）双音节词语对比练习

z-zh：资助——支柱　栽花——摘花　早稻——找到

　　　　祖父——主妇　滋补——织补　赞助——站住

c-ch：瓷瓶——持平　木材——木柴　擦嘴——插嘴

　　　　乱草——乱吵　一层——一成

s-sh：死记——史记　塞子——筛子　自立——智力

　　　　三哥——山歌　散光——闪光

（3）词组练习

z-zh　组织　杂志　自主　阻止　最终　罪证　遵照

zh-z　制造　种族　沼泽　著作　职责　铸造　准则

c-ch　财产　操场　操持　餐车　辞呈　促成　彩绸

ch-c　成才　差错　纯粹　筹措　楚辞　揣测　春蚕

s-sh　虽说　扫射　算术　所属　琐事　丧失　损伤

sh-s　神色　上诉　生涩　收缩　疏松　誓死　哨所

（4）绕口令练习

z-zh　红砖堆，青砖堆，砖堆旁边蝴蝶追，蝴蝶绕着砖堆飞，飞来飞去蝴蝶钻砖堆。

c-ch　紫瓷盘，盛鱼翅。一盘熟鱼翅，一盘生鱼翅。迟小池拿了一把瓷汤匙，要吃清蒸美鱼翅。一只鱼翅刚到嘴，鱼刺刺进齿缝里，疼得小池拍腿挠牙齿。

s-sh　石、斯、施、史四老师，天天和我在一起。石老师教我大公无私，斯老师给我精神食粮，施老师叫我遇事三思，史老师送我知识钥匙。我感谢石、斯、施、史四老师。

2. 鼻音n和边音l对比练习

（1）单音节字对比练习

那—辣　奈—赖　内—类　挠—牢　南—蓝

念—恋　努—鲁　鸟—了　女—吕　挪—罗

（2）双音节词语对比练习

脑子——老子　允诺——陨落　泥巴——篱笆

男女——褴褛　鸟雀——了却　南宁——兰陵

（3）词组练习

n-l　能量　耐劳　内力　奴隶　年轮　暖流　内陆　年龄　女郎　男篮

l-n　冷暖　留念　流年　老年　老牛　来年　烂泥　凌虐　遛鸟

（4）绕口令练习

打南面来了个阿凡提骑着头驴，

打北面来了个阿凡驴提着面旗。

骑着驴的阿凡提要拿驴换提着旗的阿凡驴的手里的旗，

提着旗的阿凡驴不愿拿旗换阿凡提骑着的驴。

气得骑着驴的阿凡提用驴踢了提着旗的阿凡驴一蹄，

提着旗的阿凡驴用旗打了骑着驴的阿凡提一旗。

也不知是骑着驴的阿凡提踢了提着旗的阿凡驴一蹄，

还是提着旗的阿凡驴打了骑着驴的阿凡提一旗。

3. 唇齿音 f 和舌根音 h 的对比练习

（1）单音节字对比练习

发—花　翻—欢　飞—灰　冯—横　赴—沪　斧—虎　房—黄　饭—换

（2）双音节词语对比练习

理发——理化　发现——花线　舅父——救护

废话——会话　乏力——华丽

（3）绕口令练习

风吹灰飞，灰飞花上花堆灰。风吹花灰灰飞去，灰在风里飞呀飞。

笼子里面有三凤，黄凤红凤粉红凤。忽然黄凤啄红凤，红凤反嘴啄黄凤，粉红凤帮啄黄凤。你说是红凤啄黄凤，还是黄凤啄粉红凤。

4. 纠正舌尖音字练习

z-j　阻力——举例　自信——寄信　租多——居多

　　　墨渍——墨迹　滋补——机补

c-q　辞藻——起早　粗线——曲线　刺激——契机

　　　雌马——骑马　促声——去声

s-x　诉说——叙说　肃穆——序幕　俗语——徐语
　　　寺院——戏院　老司——老希　私人——昔人

（二）韵母训练

1. i 和 ü 对比练习

（1）单音节字对比练习

i-ü　击—居　级—局　挤—举　离—驴
　　　立—律　你—女　奇—渠　易—遇

ü-i　鱼—姨　许—喜　绿—利　去—气
　　　雨—蚁　剧—记　屡—理　句—计

（2）双音节词对比练习

i-ü　客机——客居　前期——前驱　风气——风趣

ü-i　女人——拟人　序曲——戏曲　渔民——移民

（3）词组练习

i-ü　西域　机遇　喜剧　七律　积聚　器具

ü-i　聚集　淤泥　渔利　预期　寓意　余地

（4）绕口令练习

这天天下雨，体育运动委员会穿绿雨衣的女小吕，去找计划生育委员会不穿绿雨衣的女老李。体育运动委员会的穿绿雨衣的女小吕，没找到计划生育委员会不穿绿雨衣的女老李。计划生育委员会不穿绿雨衣的女老李，也没有见到体育运动委员会穿绿雨衣的女小吕。

2. 前鼻音 n 和后鼻音 ng 练习

（1）单音节对比练习

an-ang　产—厂　站—帐　山—商
　　　　　判—胖　半—棒　难—囊

en-eng　阵—正　门—盟　芬—封
　　　　　人—仍　盆—棚　甚—胜

in-ing　新—星　宾—兵　林—铃
　　　　民—名　因—鹰　今—京

（2）双音节词语练习

an-ang　旱道——巷道　反常——往常　反问——访问

en-eng　清真——清蒸　伸张——声张　瓜分——刮风
in-ing　缤纷——冰峰　频繁——平凡　信服——幸福

（3）绕口令练习

红饭碗，黄饭碗，红饭碗盛满碗饭，黄饭碗盛半碗饭；黄饭碗添半碗饭，像红饭碗一样满饭碗。

陈是陈，程是程，姓陈不能说成姓程，姓程也不能说成姓陈。禾旁是程，耳朵是陈。陈程不分，就会认错人。

（三）声调训练

1. 读准下列按四声顺序排列的同声同韵字，仔细体会各类声调的音高特点。

妈麻马骂　坡婆叵破　哥格葛个　欺齐起气　呼胡虎护　拘菊举句
疵瓷此次　包雹饱报　溜刘柳六　郭国果过　积极几记　千钱浅欠
分坟粉愤　温文稳问　渊员远愿　敲桥巧俏　衣移椅易　八拔靶坝
亲琴寝沁　通同筒痛　窗床闯创　知直纸制　挖娃瓦袜　些斜写谢
青晴请庆　身神婶甚　先闲显献　押牙哑亚　酣含喊汉　烟沿眼厌

2. 四声同调练习

春天花开　居安思危　东风飘香　珍惜光阴　提前完成　回国华侨
豪情昂扬　美好理想　产品展览　请你指导　日夜变化　创造世界
胜利闭幕　运动大会

3. 四声顺序练习

区别好记　风调雨顺　山明水秀　深谋远虑　英明果断　光明磊落
山河锦绣　争前恐后　心明眼亮　千锤百炼　诗词曲赋

4. 四声逆序练习

赤胆忠心　墨守成规　妙手回春　破釜沉舟　弄巧成拙　痛改前非
耀武扬威　万里长征　逆水行舟　背井离乡　字里行间　暴雨狂风

（四）音变练习

1. 轻声练习

好的　房子　什么　躺着　山上　里边　行啊　树下
外面　穿过　家里　前头　打开　过来　谢谢　看看
慢慢地　说得好　看起来　慌里慌张　稀里糊涂

2. 变调练习

（1）上声变调练习

小说　取经　野鸭　火鸡　纸杯　朗读　古文　改革　养活　早晨
远洋　诊断　主调　手势　奖励　鼓动　感叹　表演　朗读　采取
总理　口语　美满　选举法　了解你　演讲稿　几百种　洗脸水
老本领　很友好　有好感

（2）轻声练习

大夫　木头　窗户　出息　点心　巴结　别扭　见识　篱笆　马虎
客气　牡丹　秀才　意思　热闹　师傅　胭脂　我们　状元　知识
折腾　行李　钥匙　做作

（3）"一""不"变调练习

一心　一生　一年　一旁　一直　一同　一早　一起　一举　一定
一样　一律　不快　不对　不妙　不错　不论　不断
说一声　看一看　去不去　等不及　好不好

一帆一桨一渔舟，一个渔翁一钓钩，一俯一仰一场笑，一江明月一江秋。

一个老僧一本经，一句一行念得清，不是老僧爱念经，不会念经当不了僧。

3. 请读准下列文中的"啊"字，注意音变

（1）今天早晨，天放晴了，太阳出来了。推开门一看，嗬！好大的雪啊！

（2）在它看来，狗该是多么庞大的怪物啊！

（3）啊！蜕变的桥，传递了家乡进步的消息，透露了家乡富裕的声音。

（4）清晨，当第一束阳光射进舷窗时，它便敞开美丽的歌喉，唱啊唱，嘤嘤有韵，宛如春水淙淙。

（5）是啊，我们有自己的祖国，小鸟也有它的归宿，人和动物都是一样啊，哪儿也不如故乡好！

（6）什么词啊？我全忘了。

第三单元
客舱播音表达专项训练

单元导读

当我们的旅客乘坐飞机飞翔在蓝天上，常常会听到空乘人员清晰、亲切的播音"女士们、先生们，你们好！欢迎您乘坐××航空公司的××航班……"乘务员的播音会伴随着整个航程。客舱中的播音是机组人员与乘客沟通的重要桥梁，能够灵活掌握客舱播音技巧，对乘务员服务技能的提高具有重要的作用。因此，做一名合格的乘务员首先应成为一名合格的播音员。

学习目标

知识目标：了解客舱播音的基本要求，熟悉常见的播音类型、特点和技巧。

技能目标：掌握常见的中英文客舱播音技巧；能熟练遵循客舱播音的基本礼仪规范。

素质目标：具有强烈的服务意识，对播音基本训练和技能提高高度重视，能把不断提高客舱服务播音质量看成是时代赋予空乘人员的历史使命。

模块一　播音的要求与技巧训练

一、播音的要求与技巧

（一）播音的要求

（1）客舱播音要使用普通话、英语两种以上语言，广播内容应准确，播音应清晰、匀速。

（2）语速适当，用心感受。要抓住内容特点，使节奏流利和谐，缓急结合。

（3）语调生动，语言灵活。根据需要，分出轻重缓急，分清抑扬顿挫，而且要能够根据不同内容传达出不同的思想感情。

（4）声音圆润、自然，吐字清晰。注意克服发音吐字方面的不良习惯，如鼻音、喉音、挤捏音、虚声等，做到发音圆润动听，吐字清晰悦耳。

（二）培养声音的魅力

（1）气沉丹田，呼吸控纵自如。美妙的声音来自正确的呼吸，气息短、坐姿不正确会造成紧张。坐如钟，头背一线，双脚自然垂直，深呼吸时不要耸肩。练习深呼吸，要有一定的呼吸储量，要口鼻共同呼吸。要用丹田呼吸，将两肋打开，小腹收紧，肚皮始终是硬的，这就是气息支撑。不管自然条件多么困难，也要把气沉下去。

（2）播音是要抒发一种情怀，一种心情，以引起听众的共鸣，所以应在正确、深刻把握、理解稿件的基础上，全身心地投入感情。

（3）练习远近距离感，即朗读要有目标对象。

（4）加强鼻音练习：an、en、in、un、ün、ang、eng、ing、ong。

（5）准确把握平翘舌音：zh、ch、sh、r、z、c、s。

（三）嗓子的保护方法

（1）坚持锻炼身体，游泳和长跑是比较有效的方法。使用正确的方法坚持练声，循序渐进。

（2）练声时，声音要由小到大，从近到远，从弱到强，由低到高，避免一开始就大喊大叫损伤声带；保证充足的睡眠以保护声带；生病尤其是感冒的时候，尽量少用嗓，此时声带黏膜增厚，容易产生病变。

（3）女性在生理周期或者因其他原因鼻、咽、声带充血的时候，禁止练声。

（4）尽量少吃辛辣刺激性食物，油腻、甜黏、冷热刺激的食品也是嗓子的杀手，烟酒也要避免。

（5）坚持用淡盐水漱口，可以消除炎症并保护嗓子。

（四）气息练习

俗话说：练声先练气。这里简要介绍几种气息练习的方法。

1. 深吸慢呼，气息控制延长练习

气息控制延长练习要领：先学会"蓄气"，首先深呼吸，把废气排出，然后用鼻和舌尖间隙像"闻花"一样，自然松畅地轻轻吸，仿佛面前有一盆鲜花，吸得要饱，然后气沉丹田，慢慢地放松胸肋，使气像细水长流般慢慢呼出，要呼得均匀，控制时间越长越好。反复练习4~6次。

2. 深吸慢呼数字练习

（1）"数数"练习

"吸提"（深吸气慢呼气）同前。在呼气的同时轻声快速地数数字从1至10，一口气反复数，数到这口气气尽为止，看看能反复数多少次。

（2）"数枣"练习

"吸提"同前。在"推送"的同时轻声念："出东门过大桥，大桥底下一树枣，拿着竹竿去打枣，青的多红的少（吸足气），一个枣两个枣三个枣四个枣五个……"数到这口气气尽为止，看看能数多少个枣。

开始做练习的时候，中间可以适当换气，练到对气息有了控制能力时，逐渐减少换气次数，最后要争取一口气说完，尽可能多数几个枣。反复4~6次。

（3）"数葫芦"练习

"吸提"同前。在"推送"的同时轻声念："金葫芦，银葫芦，一口气数不了 24 个葫芦（吸足气），一个葫芦，二个葫芦，三个葫芦……"数到这口气气尽为止，反复 4~6 次。

数数字、"数枣""数葫芦"控制气息，越练气息控制越长，千万不要跑气。开始腹部会出现酸痛，练过一段时间，则会自觉大有进步。

3. 深吸慢呼长音练习

模拟吹灭生日蜡烛，深吸一口气后均匀缓慢地吹，尽可能时间长一点，达到 25~30 秒为合格。

4. 托气断音练习

这是声、气各半练习。双手叉腰或护腹，由丹田托住一口气到咽部冲出同时发声，声音以中低音为主。

（1）一口气托住，嘴里快速念"噼里啪啦，噼里啪啦"（反复），到这口气将尽时发出"嘭—啪"的断音。反复 4~6 次。

（2）一口气绷足，先慢后快地发出"哈、哈（反复、加快）—哈、哈、哈……"锻炼发有爆发力的断音，在演唱中"哈哈"大笑或发"啊哈""啊咳"等音，常用这种方法练习。

（3）一口气绷足，先慢后快地发出"嘿—厚、嘿—厚"（反复逐渐加快）—"嘿厚、嘿厚……"加快到气力不支为止，反复练习。气为声之帅，气为声之本，经过这一阶段练习，气息已基本饱满，"容气之所"已开始兴奋、活跃起来，而声音一直处于酝酿、保护之中，在此基础上即可开始准备声音练习了。

二、语言表达外部技巧训练

重音、停连、语气、节奏，是有声语言表达的外部技巧。播音员的再创造劳动，最终是体现在把文字稿件转化为有声语言上，即把文字这种视觉形态转化为声音这种听觉形态。在这个再创造的过程中，需要播音者对文字形态的稿件的认识，还需要有将其转化为有声语言这种听觉形式的构思和传达，而有声语言的表达技巧，就为这构思和传达提供着重要的必不可少的方法。

（一）重音、停连的练习

1. 相关概念

重音：播音中的重音，是就语句而言的。词和词组内部的轻读、重读我们叫它轻重格式，语句重音，是指那些最能体现语句目的，而在播音中需要着重强调的词或词组。它解决的是播音中语句内部各词或词组之间的主次关系问题。在有声语言的表达中，"重音"这种技巧的作用是很大的，它可以使语句的目的更突出，使逻辑关系更严密，使感情色彩更鲜明。

停连：也是播音员借以表情达意的语言技巧之一，播音员必须学会运用停连组织语句。停连，就是指停顿和连接。在播音当中，在有声语言的语流中，那些为表情达意所需要声音的中断和休止就是停顿；那些声音不中断、不休止特别是文字稿件上有标点符号而在播音中却不需要中断、休止的地方就是连接。停连的作用表现在许多方面，有的表示组织区分，使语意明晰；有的造成转折呼应，使逻辑严密；有的可以强调重点，使目的鲜明；有的表示并列分合，使内容完整；有的体现思考判断，使传情更加生动；有的创造意境，令人回味想象。停连常常和其他技巧一起共同服务于表达。

2. 练习

（1）车身猛一摇晃，碰倒一根连队战士用来晒衣服的方木杆子。

重音、停连的练习

音频10

（2）1936年12月12日，国民党爱国将领张学良将军和杨虎城将军在我党"停止内战，一致抗日"政策的感召下实行"兵谏"，逮捕了蒋介石以及当时聚集在西安的几十名蒋帮军政大员，发动了震惊中外的"西安事变"。

（3）随行人员有马科斯的两个女儿，外交部部长卡洛斯·罗慕洛，政府其他部长、省长和其他高级官员。

（4）据西方通讯社报道，世界著名拳王穆罕默德·阿里前天在美国内华达州拉斯维加斯进行的一次希望第四次赢得世界重量级冠军的比赛中，经过十个回合的战斗，败在世界拳击协会重量级冠军——美国的拉里·霍姆斯手下。

（5）大雨像一片巨大的瀑布，从西北的海滨横扫着广袤平原，遮天盖地地卷了过来。雷在低低的云层中间轰响着，震得人耳朵嗡嗡地响。闪电，时而用它那耀眼的蓝光，划破了黑沉沉的夜空，照出了在暴风雨中狂乱地摇摆着的田禾，一条条金线似的鞭打着大地的雨点和那在大雨中吃力地迈动着脚步的人影。一刹那间，电光消失了，天地又合成了一体，一切又被无边无际的黑暗吞没了。对面不见人影，四周听不到别的响声，只有震耳的雷声和大雨滂沱的噪声。

（6）眼前，这"雷神爷"为何又甩帽？人们目瞪口呆！只见他在台上来回踱了两步又站定，双手叉腰，怒气难抑。终于，炸雷般的喊声从麦克风传出："我的大炮就要万炮轰鸣，我的装甲车就要隆隆开进！我的千军万马就要去杀敌！就要去拼！就要去流血！可刚才，有那么个神通广大的贵妇人，她竟有本事从几千里之外，把电话要到我这前线指挥所！……我要她的儿子第一个扛上炸药包，去炸碉堡！去炸碉堡……"

（二）语气、节奏的练习

1. 相关概念

播音语气，是指在一定的具体的思想感情支配下具体语句的声音形式，由于各个语句的本质不同，语言环境不同，每一个语句必然呈现出"这一句"的具体感情色彩和分量，并且表现为千差万别的声音形式。在运用语言技巧的时候，我们一定要把握住三个相辅相成的环节，即：①受一定的具体思想感情支配；②以具体语句为范围；③化为某种声音形式。

节奏，是有声语言运动的一种形式。在播音中，节奏应该是由全篇稿件生发出来的，是播音者思想感情的波澜起伏所造成的抑扬顿挫、轻重缓急的声音形式的循环往复。语气是以语句为单位，节奏是以全篇为单位。就节奏的类型来说，大致可以分为六种，即高亢型、紧张型、轻快型、低沉型、舒缓型、凝重型。这六种类型在不同的稿件中有不同的结合，但不是并列，而是以某种类型为主，其他类型渗入其中，既表现了节奏的具体性又表现了节奏的丰富性。节奏运用的方法有：欲扬先抑、欲抑先扬；欲快先慢、欲慢先快；欲重先轻、欲轻先重；欲高先低、欲低先高；声音对比、收纵自如等。节奏的运用，表现在声音形式循环往复的不同类型上，也表现在音高、音强、音长、音色的不同对比上，更表现在随着思想感情运动对声音形式的控制、收放自如上。

2. 练习

（1）春风吹遍了山川，春雨洒满了田园，春风春雨带来了美丽的春天。百鸟和鸣清脆婉转，百花盛开桃红李艳。

（2）春天来了，春天为大地送来温暖，万物把春天精心装点。春天还我们艺术青春，我们的青春放歌云端。

（3）明明是二等品，却硬要涂上一级样，让它升级；明明是积压的次品，却硬要换个合格证，充当好货。钢锉厂弄虚作假的手段，实在恶劣！这样对待产品质量，确实应当好好整一整。

（4）天上那层灰气已散，不甚憋闷了，可阳光也更厉害了许多，没人敢抬头看太阳在哪里，只觉得到处都闪眼，空中、屋顶上、墙壁上、地上，都白亮亮的，白里透着点红；由上至下整个的像一面极大的火镜，每一条光都像火镜的焦点，晒得东西要发火。在这白光里，每一个颜色都刺目，每一个声响都难听，每一种气味都混含着由地上蒸发出来的腥臭。街上仿佛已没了人，道路好像忽然加宽了许多，空旷而没有一点凉气，白花花的令人害怕。

（5）竹篱的那边是两家很精巧的华美的洋房。篱畔的落叶树和常青树，都悠然自得地显着入画的奇姿。平坦的淡黄的草园，修饰的浅黑的园径，就好像千幅很贵重的兽皮毯一样敷陈在洋房的下面。红的砖，绿的窗棂，白的栏杆，淡黄的瓦……

（6）突然在汹涌起伏的波涛中出现了一个黑点，它忽大忽小，慢慢地升到浪涛的顶端，又一下子跌落在浪谷里。小船离岸越来越近了……我紧张地望着那只可怜的小船，看它怎样像鸭子一样钻到水里，又像振翼高飞的鸟儿似的飞快划动着双桨，从深渊里的浪花中蹿出来。啊呀，我想这下子它要猛冲到岸上，撞个粉碎了，不料它却灵活地侧转过来，安全地驶进一个小湾。

三、语言表达内部技巧训练

情景再现、内在语、对象感，是从备稿到播音使思想感情处于运动状态的三种重要方法，我们把它们统称为"内部技巧"。

当稿件中有形象性内容时，我们要在形象感受的基础上，运用"情景再现"，使播音富于鲜明的形象性；当稿件中有逻辑性内容时，我们要在逻辑感受的基础上,运用"内在语",使播音富于严谨的逻辑性;"对象感"则帮助我们把稿件更积极、更生动、更清晰、更完美地表达出来,传播到广大听众(观众)的耳朵里、心目中。

具体感受和整体感受,情景再现、内在语和对象感,在"播讲目的"的统率下,使稿件的语言已经变成了播音员自己要说的话,在这种运动状态下,播音创作才有灵魂,播音语言才有活力。

(一)展开情景再现练习

1. 相关概念

情景再现,是播音员在进行播音创作中调动思想感情使之处于运动状态的重要手段,是具有播音特点的重要术语。那么,什么是情景再现呢?就是在符合稿件需要的前提下,以稿件提供的材料为原型,使稿件中的人物、事件、情节、场面、景物、情绪等在播音员脑海里不断浮现,形成连续活动的画面,并不断引发相应的态度、感情,这个过程就是情景再现。情景再现的展开必须注意三个问题,以保证情景再现的方向性、丰富性和实用性。

(1)一定要以宣传目的为中心,必须受宣传目的的引导和制约,不要搞情景再现的展览;

(2)以稿件为依据,使文字语言得到升华,用播音员的生活经验对文字语言加以丰富和补充;

(3)以情为主,情景交融。

2. 练习

(1)宽阔的天安门广场沐浴在灿烂的阳光中,显得分外雄伟庄严。

情景再现练习

音频12

(2)啊!祖国明媚的春天,滋润着我的心田。春光洒遍了人间,春色布满了河山。

(3)小草偷偷地从土里钻出来,嫩嫩的,绿绿的,园子里,田野里,瞧去,一大片一大片满是的。坐着,躺着,打两个滚,踢几脚球,赛几趟跑,捉几回迷藏,风轻悄悄的,草软绵绵的。

(4)正在这时,大雨点噼里啪啦地打下来。

(5)人们在倾听、倾听、倾听着震撼世界的声音:中华人民共和国成立了！中国人民从此站起来了！

（6）霎时间，海上涌起滔天巨浪，无数海燕，冲天起舞。

（7）天热得发了狂，太阳一出来，地上已经像下了火。院子里一点儿风也没有，闷得人透不过气来；柳树也像得了病，叶子在枝上打着卷儿；马路上干巴巴地发着白光，烫着人的脚；真是处处干燥，处处烫手，处处闷得人喘不过气来。

（8）别嚷，快看呐！太阳露出头顶了，太阳露出眉毛和眼睛了，太阳跳出来了，太阳离开了大地，升起来了！升起来了！

（二）平翘舌发音、吐字练习

1. 声母练习

平翘舌发音、吐字练习
音频13

b-p：补破皮褥子不如不补破皮褥子。

b-p：吃葡萄不吐葡萄皮儿，不吃葡萄倒吐葡萄皮儿。

d：会炖我的炖冻豆腐，来炖我的炖冻豆腐，不会炖我的炖冻豆腐，就别炖我的炖冻豆腐。要是混充会炖我的炖冻豆腐，炖坏了我的炖冻豆腐，那就吃不成我的炖冻豆腐。

l：六十六岁刘老六，修了六十六座走马楼，楼上摆了六十六瓶苏合油，门前栽了六十六棵垂杨柳，柳上拴了六十六个大马猴。忽然一阵狂风起，吹倒了六十六座走马楼，打翻了六十六瓶苏合油，压倒了六十六棵垂杨柳，吓跑了六十六个大马猴，气死了六十六岁刘老六。

d-t：大兔子，大肚子，大肚子的大兔子，要咬大兔子的大肚子。

n-l：门口有四辆四轮大马车，你爱拉哪两辆来拉哪两辆。

h：华华有两朵黄花，红红有两朵红花。华华要红花，红红要黄花。华华送给红红一朵黄花，红红送给华华一朵红花。

j, q, x：七巷一个漆匠，西巷一个锡匠，七巷漆匠偷了西巷锡匠的锡，西巷锡匠偷了七巷漆匠的漆。

g-k：哥挎瓜筐过宽沟，赶快过沟看怪狗。光看怪狗瓜筐扣，瓜滚筐空哥怪狗。

h-f：一堆粪，一堆灰，灰混粪，粪混灰。

z-zh：隔着窗户撕字纸，一次撕下横字纸，一次撕下竖字纸，是字纸，撕字纸，不是字纸，不要胡乱撕一地纸。

s-sh：三山撑四水，四水绕三山，三山四水春常在，四水三山四时春。

z, c, s-j, x：司机买雌鸡，仔细看雌鸡，四只小雌鸡，叽叽好欢喜，司机笑嘻嘻。

zh, ch, sh：大车拉小车，小车拉小石头，石头掉下来，砸了小脚趾头。

r：夏日无日日亦寒，春日日出天渐暖，晒衣晒被晒褥单，秋日天高复云淡，遥看红日迫西山。

sh：石室诗士施史，嗜狮，誓食十狮，氏时时适市，氏视十狮，恃矢势，使是十狮逝世，氏拾是十狮尸，食时，始识十狮尸实是十石狮尸，试释是事实。

2. 韵母练习

a：门前有八匹大伊犁马，你爱拉哪匹马拉哪匹马。

e：坡上立着一只鹅，坡下就是一条河，宽宽的河，肥肥的鹅，鹅要过河，河要渡鹅，不知是鹅过河，还是河渡鹅。

i：一二三，三二一，一二三四五六七，七个阿姨来摘果，七个花篮儿手中提，七棵树上结七样儿，苹果，桃儿，石榴，柿子，李子，栗子，梨。

u：鼓上画只虎，破了拿布补，不知布补鼓，还是布补虎。

er：要说"尔"专说"尔"：马尔代夫，喀布尔；阿尔巴尼亚，扎伊尔；卡塔尔，尼泊尔；贝尔格莱德，安道尔；萨尔瓦多，伯尔尼；利伯维尔，班珠尔；厄瓜多尔，塞舌尔；哈密尔顿，尼尔；圣彼埃尔，巴斯特尔；塞内加尔的达喀尔；阿尔及利亚的阿尔及尔。

-i（前）：一个大嫂子，一个大小子，大嫂子跟大小子比包饺子，看是大嫂子包的饺子好，还是大小子包的饺子好，再看大嫂子包的饺子少，还是大小子包的饺子少。大嫂子包的饺子又小又好又不少，大小子包的饺子又小又少又不好。

-i（后）：知之为知之，不知为不知，不以不知为知之，不以知之为不知，唯此才能求真知。

ai：买白菜，搭海带，不买海带就别买大白菜。买卖改，不搭卖，不买海带也能买到大白菜。

ei：贝贝飞纸飞机，菲菲要贝贝的纸飞机，贝贝不给菲菲自己的纸飞机，贝贝教菲菲自己做能飞的纸飞机。

ai-ei：大妹和小妹，一起去收麦。大妹割大麦，小妹割小麦。大妹帮小妹挑小麦，小妹帮大妹挑大麦。大妹小妹收完麦，噼噼啪啪齐打麦。

ao：隔着墙头扔草帽，也不知草帽套老头儿，也不知老头儿套草帽。

ou：忽听门外人咬狗，拿起门来开开手。拾起狗来打砖头，又被砖头咬了手。从来不说颠倒话，口袋驮着骡子走。

an：出前门，往正南，有个面铺面冲南，门口挂着蓝布棉门帘。摘了它的蓝布棉门帘，面铺面冲南，给他挂上蓝布棉门帘，面铺还是面冲南。

en：小陈去卖针，小沈去卖盆。俩人挑着担，一起出了门。小陈喊卖针，小沈喊卖盆。也不知是谁卖针，也不知是谁卖盆。

ang：海水涨，常常涨，常涨常消。

eng：郑政捧着盏台灯，彭澎找着架屏风，彭澎让郑政扛屏风，郑政让彭澎捧台灯。

ang-an：张康当董事长，詹丹当厂长，张康帮助詹丹，詹丹帮助张康。

eng-en：陈庄程庄都有城，陈庄城通程庄城，陈庄城和程庄城，两庄城墙都有门。陈庄城进程庄人，陈庄人进程庄城。请问陈程两庄城，两庄城门都进人，哪个城进陈庄人，程庄人进哪个城？

ang-eng：长城长，城墙长，长长长城长城墙，城墙长长长城长。

ia：天上飘着一片霞，水上飘着一群鸭。霞是五彩霞，鸭是麻花鸭。麻花鸭游进五彩霞，五彩霞挽住麻花鸭。乐坏了鸭，拍碎了霞，分不清是鸭还是霞。

ie：姐姐借刀切茄子，去把儿叶子儿斜切丝，切好茄子烧茄子，炒茄子，蒸茄子，还有一碗焖茄子。

iao：水上漂着一只表，表上落着一只鸟。鸟看表，表瞪鸟，鸟不认识表，表也不认识鸟。

iou：一葫芦酒，九两六。一葫芦油，六两九。六两九的油，要换九两六的酒。九两六的酒，不换六两九的油。

ian：半边莲，莲半边，半边莲长在山涧边。半边天路过山涧边，发现这片半边莲。半边天拿来一把镰，割了半筐半边莲。半筐半边莲，送给边防连。

in：你也勤来我也勤，生产同心土变金。工人农民亲兄弟，心心相印团结紧。

iang：杨家养了一只羊，蒋家修了一道墙。杨家的羊撞倒了蒋家的墙，蒋家的墙压死了杨家的羊。杨家要蒋家赔杨家的羊，蒋家要杨家赔蒋家的墙。

ing：天上七颗星，树上七只鹰，梁上七个钉，台上七盏灯。拿扇扇了灯，用手拔了钉，举枪打了鹰，乌云盖了星。

ua：一个胖娃娃，画了三个大花活蛤蟆。三个胖娃娃，画不出一个大花活蛤蟆。画不出一个大花活蛤蟆的三个胖娃娃，真不如画了三个大花活蛤蟆的一个胖娃娃。

uo（o）：狼打柴，狗烧火，猫儿上炕捏窝窝，雀儿飞来蒸饽饽。

uai-ai：槐树槐，槐树槐，槐树底下搭戏台，人家的姑娘都来了，我家的姑娘还不来。说着说着就来了，骑着驴，打着伞，歪着脑袋上戏台。

uei：威威、伟伟和卫卫，拿着水杯去接水。威威让伟伟，伟伟让卫卫，卫卫让威威，没人先接水。一二三，排好队，一个一个来接水。

uang：王庄卖筐，匡庄卖网，王庄卖筐不卖网，匡庄卖网不卖筐，你要买筐别去匡庄去王庄，你要买网别去王庄去匡庄。

ueng：老翁卖酒老翁买，老翁买酒老翁卖。

ong：冲冲栽了十畦葱，松松栽了十棵松。冲冲说栽松不如栽葱，松松说栽葱不如栽松。是栽松不如栽葱，还是栽葱不如栽松？

uan-uang：那边划来一艘船，这边漂去一张床，船床河中互相撞，不知是船撞床，还是床撞船。

uan-an：大帆船，小帆船，竖起桅杆撑起船。风吹帆，帆引船，帆船顺风转海湾。

uen-en：孙伦打靶真叫准，半蹲射击特别神，本是半路出家人，摸爬滚打练成神。

üe：真绝，真绝，真叫绝，皓月当空下大雪，麻雀游泳不飞跃，鹊巢鸠占鹊喜悦。

un：军车运来一堆裙，一色军用绿色裙。军训女生一大群，换下花裙穿绿裙。

uan：圆圈圆，圈圆圈，圆圆娟娟画圆圈。娟娟画的圈连圈，圆圆画的圈套圈。娟娟圆圆比圆圈，看看谁的圆圈圆。

iong：小涌勇敢学游泳，勇敢游泳是英雄。

模块二 客舱播音的要求与技巧

一、客舱播音的类型

客舱广播是为旅客服务的,按照性质包括服务和安全两部分。服务方面:通过广播让旅客了解此次航班的航程、时间、途经的省市和山脉、河流,还有一些服务项目等。安全方面:首先是正常的安全检查,在起飞和落地前都会广播提醒旅客;其次还有特殊情况和突发事件,都会通过广播让旅客了解。一般来说,按照客舱播音的内容来划分可包括以下几种类型:

不同类型的客舱播音

音频14

(一)迎、送致辞

这种播音主要是欢迎和欢送乘客上下飞机常用的播音。要求语言清晰、亲切。

[播音词]

女士们,先生们:

欢迎您乘坐中国国际航空公司CA1302次航班由北京前往广州(中途降落南京)。由北京至广州的飞行距离是1890公里,预计空中飞行时间是3小时05分,飞行高度10 000米,飞行速度平均每小时630公里。

为了保障飞机导航及通信系统的正常工作,在飞机起飞和下降过程中请不要使用手提式电脑,在整个航程中请不要使用手提电话、遥控玩具、电子游戏机、激光唱机和电音频接收机等电子设备。

飞机很快就要起飞了,现在由客舱乘务员进行安全检查。请您坐好,系好安全带,收起座椅靠背和小桌板。请您确认您的手提物品是否妥善安放在头顶上方的行李架内或座椅下方。本次航班全程禁烟,在飞行途中请不要吸烟。

本次航班的乘务长将协同机上 <u>6</u> 名乘务员竭诚为您提供及时周到的服务。

谢谢！

（二）客舱安全介绍

主要是对飞机上的注意事项的介绍，如对氧气面罩、安全带、紧急出口的使用与位置介绍等。要求语言庄重、规范、清晰流畅。

[播音词]

女士们，先生们：

你们好！现在由客舱乘务员向您介绍救生衣、氧气面罩、安全带的使用方法及紧急出口位置。（配合演示或录像）

救生衣在您座椅下面的口袋里。使用时取出，经头部穿好，将带子扣好系紧。然后打开充气阀门，但在客舱内不要充气。充气不足时，请将救生衣上部的两个充气管拉出用嘴向里充气。

氧气面罩储藏在您的座椅上方，发生紧急情况时，面罩会自动脱落。氧气面罩脱落后，用力向下拉面罩。请您将面罩罩在口鼻处，把带子套在头上进行正常的呼吸。

在您座椅上备有两条可以对扣起来的安全带，当飞机在滑行、起飞、颠簸和着陆时，请您系好安全带。解开时，先将锁口打开，然后拉开连接片。

本架飞机共有 4 个紧急出口，分别位于前部、后部和中部以及上舱，在客舱通道上以及出口处装有紧急照明指示灯，在紧急脱离时请按指示路线撤离。在您座椅背后的口袋内备有安全说明书，请您尽早阅读。

（三）航线及注意事项介绍

这种播音词是客舱播音中最为普遍的，需要熟练掌握。

[播音词]

女士们，先生们：

我们的飞机已经离开杭州前往北京。在这条航线上，我们将飞越的省份有江苏、山东、天津、河北，城市有南京、济南、天津，河流有长江、黄河，山脉有泰山。

您现在乘坐的这架飞机是空中客车公司制造的A330型客机，能够容纳253名乘客。在您座位上方备有阅读灯、通风孔以及呼唤铃。

清洁袋在您座椅前面的口袋里，供您放置杂物以及呕吐时使用。洗手间位于客舱前部及尾部，当安全带指示灯亮时，洗手间暂停使用。请您全程不要在客舱及洗手间内吸烟。

在这段旅程中，我们为您准备了正餐、点心及饮料，供餐时我们将广播通知您。

为确保大家旅途安全，顺利到达目的地，请您在飞机滑行、起飞、降落和颠簸期间，在座位上坐好，系好安全带，不要开启行李架，以免行李滑落，砸伤其他旅客。多谢您的合作。

祝您旅途愉快、身体健康！谢谢！

（四）景色风光导入

这种情况下的播音要准确恰当、有时代感。因为乘坐飞机的大部分旅客并不会经常乘坐同一航线飞机，他们来自不同地区和国家，在飞行中常常会对途经的地方感兴趣，因此空乘人员经常需要承担导游的角色，主动介绍途经的名胜古迹。

[播音词]

各位乘客：

大家好！我们的飞机还有两分钟就要飞越世界七大奇迹之一——中国的万里长城。

据飞向太空的宇航员说，从遥远的太空观察地球，能够辨认出的人类工程只有两个，其中一个就是中国的万里长城。雄伟的万里长城是中国古代人民创造的世界奇迹之一，也是人类文明史上的一座丰碑。它以悠久的历史、浩大的工程、雄伟的气魄著称于世，被誉为世界的奇迹。

长城始建于春秋战国时期，至今已有两千多年的历史了。它西起中国西部甘肃省的嘉峪关，东到河北省的山海关，全长6700公里。长城是稀世珍宝，也是艺术非凡的文物古迹，象征着中华民族坚不可摧、永存于世的意志与力量。

（五）特殊情况播音

要求镇定、自信。遇到气流飞机颠簸、飞机延误、备降等情况时，乘务员的播音一定要及时、自信、沉稳。平和的播音能够有效减轻乘客的恐慌心态，很好地树立起航空公司的良好形象。例如：一次由厦门飞往沈阳的航班，途经杭州时，飞机颠簸长达10多分钟，客舱里一片惊呼声，可直到颠簸结束，才有乘务员进行播音，解释刚才是因为杭州天降大雨、云层很厚导致的。这种事后诸葛亮的做法无疑使其全程服务水准大打折扣。

[播音词]

1. 女士们，先生们：

现在飞机遇到气流，有些颠簸，为了您的安全，请您在座位上坐好，系好安全带，谢谢合作。

2. 女士们，先生们：

由于北京正降大雪，本次航班将于13：20备降太原国际机场。请您收好小桌板，系好安全带，乘务组对飞机备降给您带来的不便深感抱歉，谢谢合作。

📄 案例

广播通知有吸氧老人需等待医生上机体检　以确认是否适合乘机

某次从九寨沟飞往深圳的航班上，来了一位吸着氧气的老太太。为了老太太的乘机安全，航空公司专门请来医生给老太太体检，医生最后证明老太太适合乘机。下午3点多钟，老太太被顺利送回深圳，病症明显减轻。

当天 12 点 30 分，该航班旅客正在登机，这次航班上共有三个旅行团，在最后一个团的旅客队伍中，乘务长发现有一位老太太鼻子上插着氧气管，手里捧着氧气包，脸色苍白，由老伴搀扶着登上飞机。乘务长急忙将老两口扶到最前排的座位上，关切地询问老人的身体状况。原来老太太和老伴于三天前参加旅游团前往九寨沟，在到达的当天就因为高原反应而病倒了。经过当地医疗机构治疗后，已经脱离了危险，但身体仍旧非常虚弱。当老太太感觉稍好一点时，就打算跟着原来的旅行团返回深圳。乘务组非常理解老人的心情，也希望能迅速将老人送回深圳做进一步治疗，但是考虑到老人高龄加疾病的状况，能否适应高空特殊环境还是一个问题。按照民航相关规定，这种情况的旅客需要有医生的证明才能乘坐飞机。此时飞机马上就要起飞了，让机场医生前来为老太太检查势必延误航班，是等待老太太体检还是拒绝老太太乘机？机长果断地决定先通知医生前来检查，同时让乘务长通过客舱广播将情况告知旅客，征求旅客的意见，希望旅客理解、配合。广播进行了三遍，大家都纷纷表示支持机长的决定，愿意等待。10 多分钟后，医生赶到现场，为老太太仔细做了检查，并询问了老太太的病史。经过综合分析，医生认为老太太乘坐飞机不会有太大的风险，并给她开具了可乘机证明。飞机终于能起飞了，老太太在空中得到乘务组细致入微的照顾，虽然耽误了大家一些时间，但所有旅客始终没有怨言。

下午 3 点多钟，飞机顺利抵达深圳机场。走下飞机的时候，老太太气色明显好转，病症也减轻了不少。

（资料来源：《中国民航报》）

（六）节日活动播音

现代客舱服务更讲求丰富多彩。遇到特殊节假日时，乘务员还要组织一下活动，客串主持人的角色，如春节、中秋节等。这时的播音语言要热情，具有鼓动性。如某航班飞行时间恰逢除夕，飞机乘务长让机长在零时按三下铃声引起旅客注意，然后拿起广播器向旅客广播："今天是农历大年三十，是中国的传统节日，在这阖家团圆的时刻，在这万米高空，我谨代表机组全体成员祝大家新年快乐，万事如意！"

📄 案例

乘务组举办活动与乘客在万米高空共度中秋佳节

某乘务组在长沙至乌鲁木齐的航班上与112名旅客"万米高空赏明月",举办了有奖成语接龙、诗歌联唱活动,使4个半小时的航程不再寂寞。这些来自五湖四海的宾客欢聚一堂,在离月亮最近的地方举杯向亲人遥寄中秋祝福,将原本沉寂的航程演绎得丰富多彩。

在掌声中,主持人翩翩出场:"各位旅客朋友,我们来自五湖四海,能在中秋节相聚在客舱共度佳节真是缘分。在这美好的月圆时刻,一起来一个带'月'字的成语接龙怎么样啊……""日新月异!""长年累月!""海底捞月!""披星戴月!""流星赶月!"大家兴致勃勃地抢着回答。

"咱们中华民族的古老风俗是吟诗赏月,下面是抢答环节,我说上半句诗,您对下半句,抢答对的有礼物哦。""床前明月光……""疑是地上霜!"乘务员话音还没落,一个小姑娘就抢着回答了,妈妈帮助按响了呼唤铃。"真棒!送你一份小礼物吧!""花前一壶酒,独酌无相亲,举杯邀明月……""对影成三人!"一位女士抢答道。大家向她投去艳羡的目光,她得到了一份包装精美的月饼。

"各位旅客你们好,节日快乐!我是本次航班的机长,本架飞机现在的飞行高度为10 200米,可以说我们正在离嫦娥很近的地方,值此中秋佳节之际,我谨代表全体机组成员向大家表示节日的祝贺,祝愿大家阖家团圆,万事如意!"听着机长热情洋溢的祝福广播,品尝着乘务员送来的月饼,大家共同举杯欢庆佳节。乘务员又不失时机地向大家娓娓道来嫦娥奔月的故事,介绍月饼的起源和各地的中秋风俗。来自美国金发碧眼的小女孩用标准的汉语激动地说:"我们一家一直都很喜欢中国,中国古老的文化让我们着迷,今天的节日真有意思,我也喜欢过中秋节。"不知什么时候,有旅客在意见本上写道:"今天是我乘坐的最好的一次航班,乘务员的微笑和热情打动了我的心,让我感到了家的温馨,这个中秋节在飞机上过得很有意思!"

(资料来源:中国民航网)

二、常用的客舱广播词播音训练

（一）国内航班（全程）广播词

1. 欢迎词

女士们，先生们：

　　早上（中午/晚上）好！

　　欢迎搭乘海南航空公司自海口去往济南（经停南昌）的航班。海口到济南之间的距离是2456公里。我们的飞行时间是3小时20分钟。我们的飞行高度是8000米，平均速度是每小时743公里。

　　为了确保飞机导航和通信系统的正常运行，在飞行过程中禁止使用移动电话、遥控玩具和其他电子设备，在飞机起飞和降落过程中不允许使用笔记本电脑。

　　飞机即将起飞。请坐在座位上，系好安全带，调直座椅靠背，收起小桌板。携带的行李请妥善安放在行李架上或座位下方。飞行中全程禁止吸烟。

　　乘务长王璐和全体乘务员将真诚为您服务，希望您旅途愉快！谢谢！

Ladies and Gentlemen,

　　Good morning/afternoon/evening!

　　Welcome aboard Hainan Airlines Flight from Haikou to Ji'nan（via Nanchang）. The distance between Haikou and Ji'nan is 2456 kilometers. Our flight will take 3 hours and 20 minutes. We will be flying at an altitude of 8000 meters and the average speed is 743 kilometers per hour.

　　In order to ensure the normal operation of aircraft navigation and communication systems, passengers are not allowed to use mobil phones, remote-controlled toys, and other electronic devices throughout the flight and the laptop computers are not allowed to use during takeoff and landing.

We will take off immediately. Please be seated, fasten your seat belt, and make sure your seat back is straight up, your tray table is closed and your carry-on items are securely stowed in the overhead bin or under the seat in front of you. This is a non-smoking flight, please do not smoke on board.

The chief purser Wang Lu with all your crew members will be sincerely at your service. We hope you enjoy the flight! Thank you!

2. 起飞后广播

女士们，先生们：

我们的飞机已经离开重庆前往大连，沿这条航线，我们飞经的省份有陕西、山西、河北，经过的主要城市有西安、太原、石家庄，我们还将飞越长江。

在这段旅途中，我们为你准备了早（中、晚）餐。供餐时我们将广播通知您。

下面将向您介绍客舱设备的使用方法：

今天您乘坐的是 B737 型飞机。

您的座椅靠背可以调节，调节时请按座椅扶手上的按钮。

在您前方座椅靠背的口袋里有清洁袋，供您扔置杂物时使用。

在您座椅的上方备有阅读灯开关和呼叫按钮。如果您需要乘务员的帮助，请按呼唤铃。

在您座位上方还有空气调节设备，您如果需要新鲜空气，请转动通风口。

洗手间在飞机的前部和后部。在洗手间内请不要吸烟。

Ladies and Gentlemen,

We have left Chongqing for Dalian. Along this route, we will be flying over the provinces of Shaanxi, Shanxi, Hebei, passing the cities of Xi'an, Taiyuan, Shijiazhuang, and crossing over the Yangtze River.

Breakfast (Lunch, Supper) has been prepared for you. We will inform you before we serve it.

Now we are going to introduce to you the use of the cabin installations.

This is a B737 aircraft.

The back of your seat can be adjusted by pressing the button on the arm of your chair.

You can find airsick bags in the seat pocket in front of you. Please use it for any litter.

The call button and reading light are above your head. Press the call button to summon a flight attendant.

The ventilator is also above your head. By adjusting the airflow knob, fresh air will flow in or be cut off.

Lavatories are located in the front of the cabin and in the rear. Please do not smoke in the lavatories.

3. 餐前广播

女士们，先生们：

我们将为您提供餐食（点心）、茶水、咖啡和饮料。欢迎您选用。需要用餐的旅客，请您将小桌板放下。

为了方便其他旅客，在供餐期间，请您将座椅靠背调整到正常位置。谢谢！

Ladies and Gentlemen,

We will be serving your meal with tea, coffee and other soft drinks. Welcome to make your choice.

Please put down the tray table in front of you. For the convenience of the passenger behind you, please return your seat back to the upright position during the meal service. Thank you!

4. 意见卡

女士们，先生们：

欢迎您乘坐南方航空公司航班，为了帮助我们不断提高服务质量，敬请留下宝贵意见，谢谢您的关心和支持！

Ladies and Gentlemen,

Good morning (afternoon, evening). Welcome aboard China Southern Airlines. Comments from you will be highly valued in order to improve our service. Thanks for your concern and support.

5. 预定到达时间广播

女士们，先生们：

本架飞机预定在30分钟后到达北京首都国际机场，地面温度是20℃。谢谢！

Ladies and Gentlemen,

We will be landing at Beijing Capital International Airport in about 30 minutes. The ground temperature is 20 degrees Celsius. Thank you!

6. 下降时安全检查广播

女士们，先生们：

飞机正在下降。请您回原位坐好，系好安全带，收起小桌板，将座椅靠背调整到正常位置。所有个人电脑及电子设备必须处于关闭状态。请确认您的手提物品是否已妥善安放。稍后，我们将调暗客舱灯光。

谢谢！

Ladies and Gentlemen,

Our plane is descending now. Please be seated and fasten your seat belt.

Seat backs and tables should be returned to the upright position. All personal computers and electronic devices should be turned off. And please make sure that your carry-on items are securely stowed. We will be dimming the cabin lights for landing. Thank you!

7. 到达终点站

女士们，先生们：

飞机已经降落在上海虹桥国际机场，当地时间为下午3点钟，外面温度为25摄氏度（77华氏度）。飞机正在滑行，为了您和他人的安全，请先不要站起来或打开行李架。等飞机完全停稳、系紧安全带指示灯熄灭后，请您再解开安全带，整理好手提物品准备下飞机。从行李架里取物品时，请注意安全。您交运的行李请到行李提取处领取。需要在本站转乘飞机到其他地方的旅客请到候机室中转柜台办理。

感谢您选择东方航空公司班机！下次旅途再会！

Ladies and Gentlemen,

Our plane has landed at Shanghai Hongqiao International Airport. The local time is 3:00 PM. The temperature outside is 25 degrees Celsius (77 degrees Fahrenheit). The plane is taxiing. For your safety, please stay in your seat for the time being. When the aircraft stops completely and the Fasten Seat Belt sign is turned off, please detach the seat belt, take all your carry-on items and disembark (please detach the seat belt and take all your carry-on items and passport to complete the entry formalities at the terminal). Please use caution when retrieving items from the overhead compartment. Your checked baggage can be claimed in the baggage claim area. The transit passengers please go to the connection flight counter in the waiting hall to complete the procedures.

Thank you for selecting China Eastern Airlines for your travel today and we look forward to serving you again. Wish you a pleasant day. Thank you!

8. 旅客下飞机广播

女士们,先生们:

本架飞机已经完全停稳,请您从前(中,后)登机门下飞机。谢谢!

Ladies and Gentlemen,

The plane has stopped completely. Please disembark from the front (middle, rear) entry door. Thank you!

9. 延误后落地广播

女士们,先生们:

本架飞机已经降落在成都双流国际机场,外面的温度为30摄氏度,86华氏度。

飞机还将继续滑行,请您仍坐在座位上,不要站立,系好安全带。安全带指示灯熄灭后请带好您的全部手提物品准备下飞机。您交运的行李请凭行李牌到候机室出口处领取。

需从本站转乘飞机到其他地方去的乘客,请到候机室办理换乘手续。

各位乘客,感谢您乘坐四川航空公司班机。由于天气原因,我们晚点了20分钟到达,耽误了您的旅行,我代表全体机组人员在此向您深表歉意,并欢迎您再次乘坐我们的航班。

女士们,先生们,我们下次旅途再见。

谢谢!

Ladies and Gentlemen,

We have just landed at Chengdu Shuangliu International Airport. The outside temperature is 30 degrees Celsius, 86 degrees Fahrenheit. The plane is still taxiing. Please remain in your seat, with your seat belt fastened, until the seat belt light turned off. When you see the seat belt sign turned off, please take all your carry-on items and prepare to disembark. Please ensure that you have your luggage label with you when you claim your luggage from the baggage hall.

Passengers transferrring to other cities please proceed to the transit check-in desk in the waiting hall.

Owing to the weather, we are 20 minutes behind schedule. On behalf of the whole crew, I would like to offer our sincere apologies. Thank you for flying with Sichuan Airlines. We look forward to flying with you again.

Thank you.

10. 夜间飞行

女士们，先生们：

为了保证您旅途中得到良好的休息，我们将调暗客舱灯光；因飞行途中可能气流变化引起突然颠簸，请您在休息期间系好安全带。如果您需要我们帮助，请按呼唤铃；如果要看书，请打开阅读灯（按钮在您座位上方）。请保持客舱安静。

谢谢！

Ladies and Gentlemen,

To allow passengers to rest, we will be dimming the cabin lights. In case we should experience air turbulence, please ensure that your seat belt is fastened before you go to sleep. If you should need any assistance, please press the call button. Should you wish to read, please switch on the reading light by pressing the button located above your head. Would you please show consideration for those wishing to sleep?

Thank you.

11. 首航欢迎词

女士们，先生们：

早上（中午/晚上）好！

我代表全体机组人员欢迎您乘坐南方航空"贵州号"首航班机飞往北京。

今天，我们能有机会为您服务，感到非常高兴，愿我们的服务给您的旅程增添一份温馨和欢乐。

现在乘务员进行客舱安全检查，请您协助我们收起您的小桌板、调直座椅靠背、打开遮光板，并请您坐好，系好安全带。

本次航班为禁烟航班，在客舱和盥洗室内禁止吸烟。严禁损坏、破坏盥洗室内的烟雾探测器。

谢谢！

Ladies and Gentlemen,

Good morning/afternoon/evening!

On behalf of all the crew, I'd like to welcome you aboard China Southern Airlines' Flight Guizhou's maiden flight to Beijing.

We're delighted to be at your service and hope we can make this a very special flight.

The cabin attendants are now carrying out a cabin safety inspection. Would you please assist them by ensuring that your table is folded away, your seat is in the upright position and the blind is fully open? Please remain in your seat, with the seat belt fastened.

This is a non-smoking flight. Smoking, in either the cabin or the toilets, is forbidden. It is strictly forbidden to tamper with the smoke detectors in the bathroom.

Thank you.

（二）关于广播词的补充说明

虽然客舱服务规范一致，但由于航空公司不同，服务特色有所区别，广播词多少也有一些差异，而且广播词还可以根据现场情况灵活变通。客舱中紧急情况下的播音通常由乘务长亲自进行。

试将以下广播词与前文广播词比较异同并练习。

音频 16

1. 客舱安全检查

女士们，先生们：

现在由客舱乘务员进行安全检查。请各位旅客在自己座位上坐好，系好安全带。请收起您座位前的小桌板（以及脚踏板），调直您的座椅靠背。请不要在客舱内来回走动。您的大件物品请放在座椅下面。请不要把行李堆放在走廊、通道以及紧急出口处。

靠窗的乘客，请您打开遮光板。谢谢您的协助！

Ladies and gentlemen,

May I have your attention, please?

We will be taking off in a few minutes, please be seated and fasten your seat belt. (Please stow your footrest.) Your seat back and tray table should be returned to their upright position .

You may keep large or fragile items under the seat in front of you. Please keep the aisle and the exits clear of baggage.

Passengers near the window, please open your window blind.

Thank you for cooperation.

2.（起飞前）再次确认

女士们，先生们：

飞机马上就要起飞了，请您再次确认您的安全带是否系好，手机是否处于关闭状态。

谢谢！

Ladies and gentlemen,

May I have your attention, please?

Aircraft is now going to take off. Please remain seated and make sure that your seat belt is securely fastened and turn your cell phones to "off" position.

Thank you for your attention.

3. 客舱介绍及供餐广播

女士们，先生们：

我们的飞机已经离开贵阳前往北京，飞行距离2039公里，预计空中飞行时间2小时50分钟。在今天的航程中，我们飞越的省份有湖北、河南、河北。如果天气晴朗，您还可以看到神农架林区。

您乘坐的这架飞机是由波音公司制造的B737-800型飞机。客舱布局为167座，其中头等舱（公务舱）8座。在您的座位上方设有阅读灯、呼唤铃和通风口，调节座椅靠背时请按扶手内侧的按钮。客舱内共设三个洗手间，前舱一个，后舱两个，前洗手间仅供头等舱旅客使用。

今天为您驾驶飞机的机长是张军先生，他已经安全飞行了6000小时。大约再过10分钟，飞机开始平稳飞行，届时我们将为您提供饮料和餐点服务，我们提供的饮料有咖啡、茶水、可乐、橙汁、矿泉水等。午餐有米饭和面条（品种）供您选择。需要特殊餐食的旅客请您提前和乘务员联系。

谢谢！

Ladies and gentlemen,

We have left Guiyang for Beijing. The distance from Guiyang to Beijing is 2039 kilometers. During this flight, we will fly across Hubei, Henan and Hebei provinces. If it is a sunny day, you will see Shennongjia Nature Reserve.

You are now taking B737-800 which is made by Boeing Company and totally has 167 seats including 8 seats in first (business) class and 157 seats in economy class. Over your seats there are reading light, call button and air vent. If you want to adjust your seat back, you can push the adjust button on the armrest. There are 3 toilets in this plane. The one in the front cabin is only for passengers seated in first class.

The captain today is Mr. Zhang Jun, and he has flown 6000 hours safely. This plane will cruise in a few minutes, then we will serve you drinks and meal. We have coffee, tea, cola, orange juice and meal. We have rice and noodle for lunch. Passengers who need special meal please contact with us before the meal time.

4. 落地前 20 分钟时间提示广播

女士们，先生们：

现在是北京时间下午三点钟，我们的飞机大约在 30 分钟后到达西双版纳嘎洒国际机场。根据现在收到的气象报告，西双版纳的天气为晴（多云、有雨、雪），地面温度 29 摄氏度（84.2 华氏度）。需要整理衣物的旅客请您提前做好准备。谢谢！

Ladies and Gentlemen,

Now is 3:00 PM Beijing time. We will land at Xishuangbanna Gasa International Airport in 30 minutes.

We have got information of the destination: It is sunny (cloudy, rainy, snowy), the ground temperature is 29℃ (84.2 ℉). Passengers who want to change clothes, please get ready before disembarking.

Thank you!

（三）民航常用英语单词

音频 17

（1）aircraft 航空器，飞机　　（2）belly 机腹
（3）nose gear 鼻轮　　　　　（4）retractable landing gear
　　　　　　　　　　　　　　　　伸缩起落架
（5）rudder 方向舵　　　　　　（6）propeller 推进器
（7）wing 机翼　　　　　　　　（8）fuel 油料
（9）tank 油箱　　　　　　　　（10）radar 雷达
（11）fuselage 机身　　　　　　（12）break-in area 逃生窗
（13）undercarriage bay 货舱　（14）air brake 减速板
（15）panel 仪表板　　　　　　（16）flight deck（cockpit）驾驶舱
（17）galley（船或飞机上的）厨房　（18）seat belt 安全带
（19）slide 充气滑梯（逃生用）　（20）survival kit（first-aid kit）
　　　　　　　　　　　　　　　　救生用品

（21）water extinguisher 灭火器
（22）dry chemical extinguisher 干粉灭火器
（23）latch 栓子
（24）tray table 餐桌
（25）smoke hood 防烟面罩
（26）waste bin 垃圾桶
（27）grab handle 扶手
（28）sink 水槽
（29）observer's seat 观察位（前舱）
（30）telescopic viewer 门孔
（31）soap dispenser 给皂器
（32）bassinet（一端有篷的）婴儿摇篮
（33）ditching 水上迫降
（34）water evacuation 水上逃生
（35）land evacuation 陆上逃生
（36）axe 斧头（在驾驶舱）
（37）trolly 餐车
（38）torch 手电筒
（39）armrest 扶手
（40）reading light 阅读灯
（41）call button 呼叫钮
（42）air traffic control 航路管制
（43）control tower 塔台
（44）operation dispatcher 签派员
（45）cruize 平航
（46）runway 跑道
（47）taxiway 滑行道
（48）I.D.L 国际日期变更线
（49）time zone 时区
（50）estimated time of arrival（ETA）预计到达时间
（51）estimated time of departure（ETD）预计起飞时间
（52）apron 围裙
（53）jet lag 飞机时差综合征
（54）tail wind 顺风
（55）head wind 逆风
（56）jetway（jet bridge）航空旅客桥，空桥，廊桥
（57）crew 机组人员
（58）infant 婴儿
（59）unaccompanied minor（UM）没有家长同行的小孩，无成人陪伴儿童
（60）briefing 任务提示
（61）home base 基地
（62）pilot（captain）机长
（63）co-pilot（first officer）副机长
（64）clear air turbulence［气］晴空湍流

（65）air current 气流
（66）non-endorsable 禁止转让（票）
（67）standby 地面待命；后备人员
（68）stop-over 中站停留
（69）layover 外站过夜
（70）refueling stop 加油停留
（71）transit passenger 转机旅客
（72）waiting lounge 候机室
（73）baggage inspection 行李检验
（74）hand baggage 手提行李
（75）unaccompanied baggage 托运行李
（76）the customs 海关
（77）quarantine 检疫
（78）immigration 移民局
（79）baggage tag 行李标签
（80）connection 班机接驳
（81）destination 目的地
（82）free baggage allowance 行李重量限制
（83）general declaration 舱单
（84）load factor 载客率
（85）on-time performance 准点率
（86）Lost-and-Found 失物招领
（87）confirmation 确定
（88）reissued ticket 重开的票
（89）passenger manifest 旅客名单
（90）wheelchair 轮椅
（91）ground staff 地勤人员
（92）take off 起飞
（93）life vest 救生衣
（94）nonstop flight 直飞航班
（95）immigration card 入境表格
（96）terminal 航空站
（97）hijack 劫机
（98）demonstration 示范
（99）evacuate 疏散
（100）traffic congestion 航路拥挤

[乘机常识5]

乘机安全注意事项

全世界每年死于道路交通事故的约达70万人，而其中死于空难的人数仅占千分之一左右，从这个意义上讲，乘飞机也许是最安全的交通方式。乘机时注意一些问题可以帮助人们减少危险：

1. 机尾乘客易生还。空难时机尾的乘客生还率比较高，通常黑匣子也装在机尾，这里是最不易损坏的部位。

2. 尽量选择直飞班机。据美国飞行安全专家的调查，多数空难发生于飞机起飞、下降、爬升及跑道滑行之时，倘选择直飞班机，可减少起降的次数。

3. 机型越大越安全。飞机体积越大，受各种安全检查的次数就越多且越严，所以乘坐大型飞机旅客的生存率比小型飞机高。

4. 熟记飞行安全措施。乘客应细心聆听空姐讲解的飞行安全须知，熟悉紧急出口的位置及其他安全措施。

5. 大件行李勿随身带。发生紧急事故时，座位上方"物柜"会裂开，导致大件行李掉落，从而危及乘客的安全。

6. 穿长衣长裤厚底鞋。乘飞机尽量避免穿T恤和短裤，最好穿长袖衫和长裤，因为一旦起火，长衣长裤可以提供更好的保护。选择厚底鞋，最好不要穿凉鞋，以免脚底部在空难时受到玻璃、金属等的伤害。

7. 双手抱头往前排靠。当飞机出现意外着陆时，乘客应做好适当准备。不要向后靠在椅座上，而应当双手交叉搭在前排座位上，然后把头搁手上，飞机着陆之前应当一直保持这个姿势。

8. 飞机着火快走弯腰低头。飞机停下之后，大火和有毒气体可能很快充满整个机舱，乘客应尽快撤向出口，同时尽量保证安全，低下身体。

9. 女乘客不要穿丝袜，因为一旦发生火灾，丝袜会迅速燃烧，并且紧贴在皮肤上；衣物最好选用棉制品，也是为了防止烧伤；登机后最好仔细观察紧急出口的位置，并且记住相对你的座位的方位，因为紧急情况下舱内一片漆黑，失事后最初的自救是起决定性作用的。

模拟练习

一、模仿下列情节，拟写广播词并练习

某航班从广州飞往乌鲁木齐，服务按部就班，一切都那么正常。

"乘务员，快来，快来！怎么办呀！"忽然，一阵仓促的呼喊声中断了乘务员的送饮料工作。赶过去，发现原来是一位带着两个孩子的母亲在求助，她怀中还不足3岁的孩子突然出现异常状况：抽搐、呼吸困难。

闻讯赶到的乘务长赶紧掐住孩子的人中，此时孩子脸色已开始发紫。"广播找医生，拿氧气瓶来。"乘务长发出指令。客舱内的气氛瞬间紧张起来。乘

务员拿起身边的话筒,向客舱里发出求助。万幸的是,这次航班中不但有医生,还不止一位,当时有四位医生听到广播后迅速加入这次抢救行动中。"氧气瓶、冰块、毛巾、听诊器……"按照医生的要求,乘务组迅速准备了机上的急救设备。就这样,在四名医生和我们这些"临时护士"共同搭建的"空中急救中心"里,大家再一次听见了孩子啼哭的声音。

但抢救工作并没有结束。孩子是因为高烧才引起的症状,因此急需服药以确保孩子镇定而不会再次抽搐。由于机上所配急救药品中没有针对孩子高烧抽搐的药品,抢救陷入了困境。于是,乘务组开始第二次广播寻找药品。

待广播发出后,机上的旅客纷纷拿出随身携带的药品。没一会儿的工夫,消炎、解热镇痛类的药品,凡是能够找到的都一并送来。医生经过一一确认找到了对症的药,将其碾磨成粉,加入糖后冲成水剂,给孩子喂下。经过一番折腾,孩子也困了,于是乘务组从头等舱拿来了枕头和小被子为他安排了一个舒适的小床。看着他安然熟睡的样子,所有人都觉得再辛苦也值得。

二、名胜播音练习

1. 故宫

音频18

故宫,又称紫禁城,是明清两代的皇宫,为我国现存最大最完整的古建筑群。无与伦比的古代建筑杰作紫禁城占地72万多平方米,共有宫殿9000多间,都是木结构、黄琉璃瓦顶、青白石底座,饰以金碧辉煌的彩画。这些宫殿是沿着一条南北向中轴线排列,并向两旁展开,南北取直,左右对称。这条中轴线不仅贯穿在紫禁城内,而且南达永定门,北到鼓楼、钟楼,贯穿了整个城市,气势宏伟,规划严整,极为壮观。建筑学家们认为故宫的设计与建筑,实在是一个无与伦比的杰作,它的平面布局,立体效果以及形式上的雄伟、堂皇、庄严、和谐,都可以说是罕见的。它标志着我们祖国悠久的文化传统,显示着五百多年前匠师们在建筑上的卓越成就。

2. 东方明珠广播电视塔

东方明珠广播电视塔坐落于黄浦江畔浦东陆家嘴嘴尖上,与外滩的万国建筑博览群隔江相望。塔高468米,位居亚洲第四、世界第六的高塔和左右两侧的南浦大桥、杨浦大桥一起,形成双龙戏珠之势,成为上海改革开放的象征。设计者富于幻想地将十一个大小不一、高低错落的球体从蔚蓝的空中串联到如茵的绿色草地上,两个巨大球体宛如两颗红宝石,晶莹夺目,与塔下世界一流的上海国际会议中心的两个地球球体,构成了充满"大珠小珠落玉盘"诗情画意的壮美景观。

3. 沈阳

各位旅客朋友们,大家下午好!

本次航班即将抵达目的地沈阳。沈阳是辽宁省省会、副省级城市、沈阳都市圈核心城市、全国的工业重镇和历史文化名城,是东北地区的经济、文化、交通和商贸中心。总面积1.3万平方公里,总人口900多万。

沈阳地处中国东北地区南部、辽宁省中部,以平原为主,山地、丘陵集中在东南部,辽河、浑河、秀水河途经境内。属于温带半湿润大陆性气候,冬季寒冷干燥,夏季高温多雨,冬夏季节温差较大。

沈阳市位于浑河北岸,浑河古称沈水,因古代以水北为阳,故称沈阳。沈阳建城已有2200多年的历史,素有"一朝发祥地,两代帝王都"的美誉。1625年,清太祖努尔哈赤将后金都城迁至于此,更名为盛京,开始营建沈阳故宫;1636年,皇太极改国号为清,建立大清朝;1644年,清迁都北京,将盛京作为陪都。沈阳故宫是中国目前保存较为完好的两座宫殿建筑群之一。

新中国成立后,沈阳成为中国重工业基地,有"共和国长子""东方鲁尔"的美誉。这里诞生了新中国的第一台20万千伏安变压器、第一台2500吨塔式起重机,起飞了第一架喷气式战斗机,研制成功了第一部水下机器人等。

沈阳旅游景观丰富多彩,以名胜古迹最为突出,如7200年前的古人类遗址新乐遗址,世界文化遗产沈阳故宫、清昭陵和清福陵,名人故居张氏帅府,国耻纪念馆"九一八"历史博物馆,别具一格的老北市夜市等,都能让您领略到美丽的古城风韵。

再次感谢您乘坐本次航班,我们下次旅程再会!

三、播音练习(中英对照)

1. 欢迎词

女士们、先生们:

欢迎您搭乘厦门航空第 <u>MF833</u> 号班机(<u>经过香港</u>)前往<u>曼谷</u>。

今天的飞行是由本机机长<u>王长平</u>、事务长/座舱长<u>李亚</u>、<u>8</u>位空服员（包括<u>2</u>位泰籍空服员）为大家服务，如果您需要任何协助，请通知空服人员。

Ladies and Gentlemen,

Welcome aboard <u>Xiamen</u> Air Flight <u>MF833</u> to <u>Bangkok</u>（with an intermediate stop in <u>Hong Kong</u>）. Your flight is under the command of Captain <u>Wang Changping</u>. I am the chief purser <u>Li Ya</u>. In addition, we have <u>8</u> cabin attendants, including <u>2</u> from Thailand, who will be available through the flight to serve you. Please let us know if you need assistance.

Thank you.

2. 下降前广播

各位贵宾：

下午好！

我们即将开始下降，预计下午<u>5：10</u>降落在<u>昆明长水国际机场</u>，请系好您的安全带。我谨代表南方航空公司及全体机组人员谢谢您的搭乘，并祝您旅途愉快！

Good afternoon, Ladies and Gentlemen,

We expect to land at <u>Kunming Changshui International Airport</u> at <u>5：10</u> pm. Please fasten your seat belt. I would like to thank you for flying with <u>China Southern</u> Airlines. I do hope you enjoyed your flight.

3. 降落后广播

各位贵宾：

我们现在已经降落在<u>杭州萧山国际机场</u>了，在安全带指示灯没有熄灭、班机没有停稳前，请您不要离开座位。下机时请不要忘了随身携带的行李，打开座位上方的行李柜时请您特别留意，以免行李滑落下来。

非常感谢您搭乘东方航空公司的班机,并希望很快能再次为您服务。

Ladies and Gentlemen,

We have landed at Hangzhou Xiaoshan International Airport. Please remain seated until the "FASTEN SEAT BELT" sign is turned off and the aircraft has come to a complete stop. Please don't forget to take along your personal belongings.

When opening the overhead bins, please take care to ensure the contents do not fall out.

Once again, we would like to thank you for flying with China Eastern Airlines and look forward to serving you again soon.

4. 健康提示

女士们、先生们:

欢迎乘坐本次航班。为了您和他人的健康安全,请所有旅客在飞行全程中佩戴无呼吸阀门口罩,对号入座。乘机期间,如您有发烧、干咳、乏力、咽喉痛、嗅觉或味觉减退、腹泻等症状,请立即告知客舱服务员。我们将用心守护您的每一段旅程。感谢配合!

Ladies and Gentlemen,

Welcome to this flight!

For the health and safety of you and others, all passengers are required to wear respirators without breathing valves throughout the flight and take their seats according to the number. During the flight, if you have fever, dry cough, fatigue, sore throat, loss of smell or taste, diarrhea and other symptoms, please inform the flight attendant immediately. We will carefully guard your every journey.

Thank you for your cooperation!

第四单元
客舱沟通专项技能训练

> **单元导读**
>
> 　　加强与乘客之间的交流和沟通是十分必要的，特别要做到心与心的交流沟通，听取乘客的意见并及时改进服务，设身处地为乘客着想。比如为老、弱、病、残、孕乘客服务时，要特别留意他们的不便之处，他们坐飞机时会比其他人显得更紧张和不安，需要更多的关注和照顾。这时候乘务员要把自己看成老年人的儿女，小朋友的大哥哥大姐姐，残疾人的好帮手，给予他们无微不至的关怀与照顾，让他们感到客舱就像自己的家一样安全、温馨。

> **学习目标**
>
> 　　**知识目标**：深入了解客舱服务中口语沟通及非语言沟通的特点和类型，掌握客舱服务不同环节沟通的特点。
>
> 　　**技能目标**：熟练掌握客舱服务不同环节的口语沟通技巧；掌握常见的非语言沟通的表达方式和技巧；遵循基本服务沟通规范并能够灵活运用技巧。
>
> 　　**素质目标**：具有强烈的服务沟通信念；具有良好的心理素质和组织协调能力。

模块一　客舱有效口语沟通

一、客舱沟通类型

（一）概述

客舱沟通包含两个意思，一是指信息的传递，二是指感情的沟通，而感情的沟通远比信息传递更普遍，两者是相辅相成的。同时，从管理的效果这个角度来讲，沟通是对信息的理解和执行的过程，沟通不仅强调信息的传递和理解，更重要的是执行的结果。再好的沟通如果没有体现在结果上，也就成了无效的沟通。

（二）类型

客舱中的沟通包括语言沟通和非语言沟通两方面。

1. 语言沟通

语言沟通指运用语言、文字来传达信息的活动，它包括书面沟通和口语沟通。客舱中主要体现为口语沟通。

2. 非语言沟通

非语言沟通指借用非语言媒体实现的沟通，如利用人的姿态、声调、语调或者面部表情、肢体动作来传达某种信息等，都是非言语沟通。除了身体语言外，其他环境因素，如沟通情境内的物理环境、家具摆设、当事人对时间的知觉以及文化背景等，也可用来进行沟通。

非语言沟通形式划分为以下五类：

（1）体态语言

通常包括身体的姿势、身体各部位的移动、面部的表情变化、目光的接触等，也包括沟通活动中身体静态的部分传达的信息，比如身高、体态胖瘦、发型、肤色等身体特征。

如一次飞行中，一位旅客因对机场的服务不满，登机后情绪十分激动，对乘务员的工作百般挑剔，多次提出各种要求，有一点不如意就嚷着要写意见卡投诉。其实这样的情况在工作中经常会碰到。

航空运输是一个特殊行业，"安全"两字高于一切，但也因为要承诺"安全"，民航的一些措施和要求会给乘客带来一些不便。遇到任性的乘客，这样的矛盾可能就无法避免，只能通过窗口服务——特别是客舱的优质服务来尽量减少冲突。理解乘客的心情，乘务员就不会因委屈而伤心甚至抱怨，而会冷静应对，始终保持亲切的微笑，该解释的说明到位，该服务的用心做好。

（2）接触行为

接触行为指的是拥抱、爱抚及其他特殊的接触动作。

（3）音调语言

音调语言包括音质、声调、语气、节奏（说话的速度）等。

（4）空间语言

空间语言是指在人际交往的时候个人使用与感觉所需要保持的距离。比如，情侣之间及夫妻之间使用亲密距离（0~45cm），好朋友之间使用个人距离（45~120cm），管理人员和职工之间或教师与学生之间使用社会距离（120~360cm），在公开聚会场合使用公众距离（360cm以上）。此外，一个人在某一个情景下长时间以来也有自己固定的领域或者空间距离。

（5）环境因素

环境因素包括沟通过程中的环境，比如家具、建筑风格、设计、灯光、音乐以及对方的着装佩饰，佩饰指的是香水、帽子、眼镜、首饰、领带等装饰物品。

在非语言沟通形式中我们主要指体态语言，包括微笑、目光、身体姿态、手势等。

二、客舱口语沟通训练

（一）客舱口语沟通的特点

从旅客方面调查的结果表明，文明礼貌、真挚和善的语言能引起旅客发自内心的好感；明确简洁、适当中肯的语言能增强旅客的信任感；适应对象、灵活多变的语言能给旅客以亲切感，使旅客获得心理上的满足。因此，客舱语言作为一种特殊的行业用语，具有以下特点：

1. 准确性

飞机作为交通工具，其安全性一直是旅客最为关心的问题，乘务员在做安全示范时语言必须准确。

2. 灵活性

保持服务一致性的过程中，乘务员应该很灵活且有创造性，和乘客之间保持良好的关系，而不要只是照本宣科地来做事。如在提供服务时，一位乘客要求吃素食，而飞机上正好没有准备这种食物。这时乘务员应该返回厨房，想想办法，找到一个解决方案，比如把各式各样的蔬菜和水果拼在一起，而不是告诉乘客"我们没有准备这种餐食，无法满足您的要求"，这样会使乘客很有情绪。

📄 **案例**

特殊餐食服务

一次航班任务中，有位头等舱旅客询问，有没有少数民族餐。因为旅客没有提前提出要求，航班上没有准备头等舱清真餐。为了不让旅客失望，乘务长连忙到后舱寻找，正好还有两盒备用素食，只是盒子稍稍有点被挤变形了。当乘务长把餐盒送给那位旅客时，不好意思地解释说："我们的餐盒虽然不好看，但是它的内容和我们西北人一样——'心里美'！"那位旅客不禁开心地笑了起来。

（资料来源：民航资源网）

3. 生动性

乘务员要运用具有活力的语言去打动旅客，引起共鸣，特别是对乘客所做的一些景点、名胜介绍更是如此。

如对"川剧"可以这样介绍：四川，古称华阳，又名巴蜀，那里民风淳朴，物阜人康，被人们誉为"天府之国"。俗话说"奇山奇水有奇杰"，在四川这块沃野上，不仅涌现出无数雄才大略的政治家、军事家和一大批卓越的词人才士，还造就出一批优秀的表演艺术家。它不仅磨砺出无数宏伟的诗篇佳作，同时，也孕育出一个独具特色的戏曲艺术形式——川剧。川剧，这个被赞为"天府之花"的戏曲剧种，以它丰富的剧目、多样的声腔、独特的表演，在中国戏曲舞台上领尽了风骚，成为巴蜀之地的又一骄傲。

4. 亲切性

因为空乘服务工作的特点和性质，服务用语要亲切、简洁。如："欢迎您乘坐本次航班！""请问您想喝点什么？""让您久等了！""您的脸色不太好，请问是哪儿不舒服吗？""谢谢您对我们服务提出的宝贵意见，我一定把您的建议反馈给公司。"亲切简洁的话语可以大大提高乘客的满意率。

5. 委婉性

客舱沟通讲究艺术的说话方式。与客人对话，一般情况下要采用询问式、请求式、商量式、解释式等恰当的说话方式。因工作需要或条件限制而需要拒绝乘客时，也要尽量用委婉的表述方式，而不允许使用命令式语气。直接使用否定词句会让乘客下不来台，心情不愉快。如有两位熟人在飞机上相遇，找到乘务员想协调一下座位，乘务员可以以"这两位乘客想坐在一起，能否请您和他们换一下"来与相邻乘客进行沟通。

询问式："请问……？"

请求式："请您协助……，好吗？"

商量式："您看……可以吗？"

解释式："您好！这里是……"

（二）客舱基本礼貌用语训练

西方国家的父母亲，在孩子学说话的时候，教孩子——无论什么场合，甚至在家里——最常用的礼貌用语就是"谢谢你（Thank you）""对不起（I am sorry，Excuse me）"和"请（Please）"几句话。

练习最基本的谦语、敬语：谢谢、对不起、请。

1. 致谢的艺术

"谢谢"并非客套话，这是个很有魅力的词语。能正确地运用这两个字，就会使你的语言充满魅力。"谢谢"必须是真诚的。你确实有感谢对方的愿望再去说它，并赋予它感情。

道谢时，应注视着对方，要及时注意对方的反应。对方对你的感谢感到茫然时，你要用简洁的语言向他道出致谢的原因，这样才能使你的道谢达到目的。出乎人们意料的道谢，会使对方倍感温暖。客舱中多讲几次"请""谢谢"，乘客不但不会觉得重复啰唆，反而会心情愉快，高度评价服务质量。

对他人的道谢要答谢，答谢的措辞可以有以下几种说法：

"没什么，别客气。""应该的。""我很乐意帮你的忙。"

"It's my pleasure.""Don't mention it."

2. 学会向人道歉

学会说"对不起"，"I am sorry"或"Excuse me"。

"对不起"是你送给别人最廉价的礼物。这三个字看起来简单，它却是调和双方可能产生的紧张关系的一贴灵药。你在飞机上不小心碰了乘客一下，说声"对不起"，被碰的人自然不会计较什么了。

（1）切忌缺乏诚意

道歉最重要的是诚意，是如何把检讨的心意向对方表明。人的心理原是这样，许多事情皆可原谅，关键是对方对这件事的态度。要用语言和行动表达出你的歉意，例如："对不起，我可以帮您擦一下吗？"在客舱服务中，一定要学会使用"对不起"这三个字，它会化解很多不愉快。

（2）切忌犹豫不决

如果自己的过失对对方产生了不好的影响，越是犹豫不决，越是会失去道歉的机会，而且给对方的印象就更坏了。因此要立刻向对方道歉，越早越好。

（3）切忌道歉不及时

当对方发火或训斥自己的时候，由于害怕被训斥而沉默，反过来恐怕会使事情更加严重。及时道歉的话，多少能挽回一些影响，还能抓住挽回损失的机会，所以这时必须拿出勇气及时道歉。

（4）切忌道歉时先辩解，先逃避责任

想道歉又先辩解，即使辩解主张里有不少合理的成分，也会使对方反感，情况反而会更加恶化。首先要学会道歉，事后等对方冷静下来时，再找机会说明自己的意见和主张。

（5）弄清原因再道歉

如果自己一个劲儿地道歉说"是我不好"，对方还是不能谅解，这里或许还会有什么别的原因。你可以暂时与对方分开一段时间，看看情况，稍后再次表示道歉。如还不见效，你可以注意观察或从其同伴那里侧面打听一下，弄清究竟是什么原因。缓一缓，再加之以细致周到的服务也不失为一种办法。

案例

用真诚道歉和暖心服务安抚乘客情绪

某次我们执行沈阳—北京航班，由于沈阳下大暴雨，我们的飞机在沈阳延误了三个多小时才得以起飞。刚刚安全降落北京，乘务组就接到生产派遣部门的电话，由于飞机调配紧张，需要我们接下来执行已经延误的北京—兰州—北京航班。

听到这个消息，我看了一下手表，心一下子提到了嗓子眼：这个航班已经延误了将近四个小时，旅客们肯定已经急坏了！我们迅速做好清洁工作后，马上通知旅客登机，从旅客们的表情中可以看出，他们的情绪很激动。

在迎客时，乘务长不住地向旅客真诚道歉："对不起，让您久等了。""对不起，您辛苦了。"乘客入座后，客舱里的呼唤铃更是响个不停，不断有乘客向我们大发牢骚。我们耐心地解释："由于飞机从沈阳回来时，天气不好……"一位中年男旅客立刻打断我们的话："骗人的吧？这天气不是挺好的吗？"客舱里顿时一阵哄笑。这位旅客用挑剔的目光看着我们，好像很生气。乘务员再次广播了飞机延误的原因，并真诚地向大家道歉。飞机起飞后，大家情绪有所好转。我们快速为旅客发报纸、枕头、毛毯，为阅读的旅客打开阅读灯，打开通风孔，尽量将服务工作做到旅客开口之前。当我走到那位中年旅客面前时，发现他闭着眼睛，我便为他关上了通风孔，并盖上了一条毛毯。在这期间，我们注意到，刚才比较激动的几位旅客情绪已经有所缓和，开始和乘务员们交谈起来。谈话过程中，我又向他们道歉。

接下来为旅客提供了餐饮服务。几次经过时我都很留意那位中年男旅客，在他闭着眼睛休息时，我在他面前的小桌板上放上免扰卡，在他醒来后的第一时间为他送上可口的餐食和饮料，该旅客下飞机时向我们表示了真诚的谢意。

（资料来源：《金通航空报》）

3. 万能用语"请"（Please）的用法

几乎在任何需要麻烦他人的时候，"请"都是必须说的礼貌语，比如"请问""请原谅""请留步""请用餐""请指教""请稍候""请关照"等，不胜枚举。在敬语中使用频率最高的是"请"字。这些用语中的"请"字并非是多余的，有了这个"请"字，话语会变得委婉而礼貌。尤其是在命令性的话语中，有了这个"请"字，就表明你没有凌驾他人之上的意思，而且还会使你显得分外有教养，使得对方非常愿意与你配合。"请问，需要我帮忙吗？"谦语"请"是比较自然地把自己的位置降低，而把对方的位置抬高的最好方法。

说这几个简单的词是很容易的一件事，但是听的人会感觉到特别舒服。

4. 恰当地称呼他人

每个人都希望得到他人的尊重，人们比较看重自己已经取得的地位，对有头衔的人称呼头衔，是对对方的尊重。直呼其名仅适用于关系密切的人之间，一般来讲，关系越密切，称呼往往越简单。你若与有头衔的人关系非同一般，直呼其名来得更亲切些，但若是在公众和社交场合，还是称呼其头衔更得体。

对于知识界人士，可以直接称呼其职称，或者在职称前冠以姓氏，比如赵教授、钱医生等。但是，对于学位，除了博士外，其他学位比如学士、硕士等，就不能作为称谓来用。你可以称某人为"孙博士"，却不能唤某人为"李硕士"。

在西方，一般情况下，对男子不管其婚否都称为"先生（Mr.）"；对于女子的称呼则显得复杂些，通常称已婚女子为"夫人（Mrs.）"，称未婚女子或不明婚姻状况的为"女士（Ms.）"。在国内，我们通常会称呼一些上了年纪的人为"老爷爷""老奶奶"，但对西方乘客则应避免使用"old lady""old gentleman"的称谓。

(三) 客舱口语沟通技巧训练

1. 按照过程分类

(1) 登机服务礼仪

做好准备工作,提前站立在机舱门口迎接客人登机,主动微笑向客人问好,欢迎客人登机,态度要真诚、热情:"您好!欢迎登机!"

遇到需要帮助登机的客人,可以以"欢迎您,我来帮您吧"来问候,热心帮助旅客放置行李。对匆匆赶来的乘客,则可以说:"您好,请不要着急,飞机还要等一会儿才起飞。"热情地提供帮助,引导客人就座。

(2) 机上服务礼仪

客人坐稳后,向客人介绍乘坐飞机时的注意事项及机上设施的使用方法(有的采用录像带讲解),注意音量适中。

当"系好安全带"的信号灯亮起时,提醒客人系好安全带并及时检查每位旅客的安全带是否系好,必要时应给客人以帮助。

做好安全检查,帮助旅客收起扣紧小桌板、调节座椅靠背等。按照规定调整客舱灯光;调暗灯光前,应先为阅读的客人打开阅读灯。给旅客送上食品、饮料、杂志时,要彬彬有礼,微笑服务。没有旅客需要的报纸时,应表示歉意,并介绍其他报纸。做好卫生工作。发放用品时女士优先,先里后外。巡视客舱时,说话轻、走路轻、动作轻。

主动与客人沟通,细心观察旅客的需求,及时为客人提供服务(盖上毛毯、开关阅读灯等)。及时提醒旅客注意安全,耐心解答旅客的疑问。

(3) 送别客人服务礼仪

提前提醒旅客准备下机,提醒客人携带好随身物品,热心协助需要帮助的客人。向客人道别,祝福客人并目送客人离去。

2. 按乘客类型分类的沟通

飞机上有各种各样的乘客:无人陪伴的儿童、孤身一人的老人、带小孩的父母、病人以及其他特殊旅客等。如何做好这些乘客的工作,让他们的亲人在送他们上飞机后放心,使他们安全到达目的地,是一名合格的客舱人员的职责。把服务做在乘客开口之前,即使他们没想到,也要细心地去发现,尽力做到贴心、周详。其实很多时候都是因为没有多替乘客着想而导致服务不周,引起乘客的不满,比如对匆忙上飞机满头大汗的乘客主动递上纸巾;对自带水杯的乘客及时询问是否需要加水;乘客起身要去洗手间,就顺手帮他们开门。这些小小的事情会让乘客感到无比的舒心和温暖,在服务当中也会收到意想不到的效果。

(1)对老年乘客的沟通技巧

通常情况下老年乘客经历过人生的风浪,情绪平和,通常都是通情达理的人,不会轻易麻烦乘务员。正因为如此,我们更应该多理解他们,换位思考,让他们的旅行安全舒适。

首先,主动询问并热情帮助老年乘客上下飞机,但对身体好的老年乘客,尤其是外国乘客,则要视情况而定。其次,在飞行途中,要注意多观察老年乘客,主动给他们介绍餐食品种,供他们选择。再次,主动向老年乘客介绍途经的景点、安全设备的使用,注意语速一定要慢一些,讲解详细一些,身体离老人近一些,同时注意不要因为声音太大影响其他乘客。也许有些老年乘客是第一次乘坐飞机,对待他们应该就像对待自己的父母、亲戚、朋友一样,让他们感觉到关爱和温暖。

案例

热情周到地帮助老年乘客

某航班上旅客开始逐一登机,乘务员站在前舱迎客,看见一位老奶奶提着一个大箱子艰难地走进来。乘务员立即迎上去:"奶奶,能让我看一下您的登机牌吗?我帮您安放您的行李好吗?"老奶奶点头同意后,乘务员引导她来到座位上,把大箱子举到行李架上,老奶奶连声说感谢,还说箱子太沉了。乘务员笑着回应老人:"没事,不太沉,奶奶您先坐着,有事您可以按呼唤铃叫我们,好吗?"老奶奶笑着点头答应。在航班即将到达目的地前20分钟,老奶奶要求给她填一张意见卡,周围的旅客也纷纷索要,在收卡的时候,乘务员特意看了看老奶奶的,只见上面写着:"客舱服务很好,乘务员热情周到,当我看见一个小姑娘把我那个重重的大箱子吃力地放到行李架上,我很心疼,真的很心疼,你们的服务很好。"

(资料来源:中国民航网)

[训练] 模仿该乘务组服务情节，分角色沟通

某乘务组执行昆明—杭州航班，前舱乘务员在服务中发现一名81岁的老人独自乘机，赶紧送去毛毯、枕头，并询问老人的饮食喜好，送去餐食饮品等。当班乘务长了解情况后，上前与老人攀谈，了解到老人虽然年纪大，但是身体较好，此行是去杭州参加大学同学会的，对老人来说此行非常难得且有纪念意义。由于乘务组的细心照料，老人感到空中旅途短暂而愉快。飞机到达杭州后，考虑到老人一个人提着两个大包独自走到较远的出口处极其不便，乘务长请地面服务员帮忙，但地面人员答复由于老人没有办理无人陪伴手续，不能马上安排人送。乘务长没有多想，将情况报告机长后，提着大包，一路与老人聊着天将老人送到了旅客出口处，交给已在那里等待多时的同样白发苍苍的老人的老同学，并再三嘱咐下次一定不要让老人独自乘机而不办理托机手续。

（2）对儿童乘客的沟通

随着人们生活水平的提高，越来越多的家庭也开始把孩子送上航班，让他们体验首次搭乘飞机出行的激动和飞机飞向蓝天时的壮丽。与一般搭乘航班的成人乘客不同，孩子搭乘航班需要当班机组的空乘人员更多的协助、关心与照顾。这里将儿童乘客分为四类：婴儿乘客、有成人陪同出行的少年乘客、航空公司受托照顾的独飞少年乘客和其他需要特殊照顾的儿童乘客。

① 婴儿乘客

对于婴儿乘客（各航空公司对婴儿乘客的年龄界定有一定差别）来讲，他们基本上全都是由父母陪同出行，因此相对来说不会给空乘人员的工作带来太多压力。不过，对于婴儿乘客的照顾，空乘人员还是需要注意下述问题：

在登机后，要在第一时间向其父母（或随行乘客）客气地询问在飞行期间的客舱服务过程中，有没有需要特别注意的问题（比如奶瓶冲灌、临时婴儿用睡品等问题，提前了解这些问题在中、长途航班上尤为重要）。

在飞机起飞后，要在第一时间向其父母（或随行乘客）客气地询问婴儿的冷暖情况，以便在第一时间及时为婴儿乘客添加婴儿用睡毯等保暖机供品。

在飞机起飞后，如需要为婴儿乘客打开婴儿专用睡车或婴儿专用睡篮，一定要注意睡车或睡篮的牢固，此外还要注意在此过程中要将其噪声减至最低，以免打扰周边乘客。

为婴儿乘客准备所需要的饮品（或餐品）时，要尤其注意加热时间、味道，饮品（或食物）的流质程度及餐饮器具等方面。要特别注意，一定不要把给婴儿乘客的餐饮物加热时间过长，以免造成不必要的烫伤等问题，而且对婴儿相对锋利的餐饮器具要百分之百避免使用。

在航行过程中，要每隔一段时间向其父母（或随行乘客）客气地询问有无需要帮忙的地方，但同时也不要过多打扰其父母（或随行乘客）及周围乘客。

在飞机上，一旦听到婴儿乘客哭泣或其他异样声响，空乘人员应在第一时间前去查看，以便能在最快时间内为其提供相应服务或所需物品。

在婴儿乘客父母（或随行乘客）入睡或上洗手间期间，空乘人员要多加帮忙留意照看婴儿乘客，以免发生问题。

在空乘人员送餐、饮品或其他物品经过婴儿乘客时，要注意尽量保持最小的噪声，此外更要对婴儿乘客安全多加留意，要百分之百避免诸如手中物品不小心移落并砸压在婴儿乘客身体任何部位等事件的发生。

在航班降落前，如婴儿乘客仍在使用专用睡车或睡篮，要跟其父母（或随行乘客）做好解释工作，及时将睡车或睡篮收放好，以保证降落安全。

在航班降落后，如果婴儿乘客其父母（或随行乘客）同意，尽量安排他们在最后下飞机，以免在下机过程中对婴儿造成意外伤害。此外，在其他乘客下机过程中，应提醒其父母（或随行乘客）将婴儿安置在不靠机舱过道的座位，以免在其他乘客下机过程中有任何意外发生。

📄 案例

协助旅客照顾婴儿

记得有一次飞南京航班，有几名怀抱中国婴儿的外国爸爸妈妈陆续走进客舱内，这让我感到无比好奇。原来这些来自欧洲的客人是专程到中国来领养孩子的，这些刚从南京儿童福利院领养来的婴儿只有六七个月大。他们被安排在前舱，当时我正好担任前舱乘务员工作，尽管被他们的爱心所打动，但这一下可忙坏了。忙着摆放宝宝小推车，忙着帮助安排座位，忙着准备烧开水冲牛奶，忙着提醒旅客系好安全带，交代一些注意事项。

飞机起飞后，客舱内传来阵阵婴儿的啼哭声，像是商量好似的，这些小宝宝们要么一个都不哭，要么所有的宝宝都一起哭，把这些爸爸妈妈们忙得手忙脚乱。凭着飞行的经验，我判断应该是长时间的高空气压将宝宝们的耳朵压痛了。我赶紧走到前舱，安慰这些爸爸妈妈们："给宝宝们喝点奶，通过运动可以减缓他们的不适。"随后我协助调换父母们手中宝宝们的睡姿，给宝宝换条新的尿布，果然宝宝们逐渐安静了。那天，我根本记不清自己在客舱中究竟跑了多少个来回，打扫了多少次洗手间，清洁了多少次婴儿台板。当航班到达后，每个宝宝的父母下机时都向我竖起大拇指，对我说："Good，thank you very much."

（资料来源：《中国民航报》）

因为高空机内环境与地面有差别，成人可能感受不到，但许多小孩子会感到有些不适。如某航班上一个年轻的妈妈带着刚满周岁的孩子乘机，小孩子不适应机上状态，从飞机起飞开始就一直在哭，吵得周围乘客无法休息。为了减轻孩子母亲的负担，空乘人员主动把小孩抱到怀里，一边轻声唱歌，一边抱着他来到后舱，不知是乘务员的歌声太甜美，还是后舱新鲜的环境转移了小家伙的注意力，孩子很快安静下来。

② 少年乘客（有成人陪同）

少年乘客，他们与婴儿乘客之间有着很大的差别，因为绝大部分少年乘客都已经可以自己独立进食或活动，因此他们基本上不需要空乘人员提供任何类似于"婴儿托护"的服务。此外，那些有成人陪同搭乘航班的少年乘客，一般也不会在机舱内制造太多噪声或其他麻烦，所以从客舱服务的角度来讲，在儿童乘客中，他们相对是比较好照顾的群体。不过，当班空乘还是需要就以下问题加以注意：

在登机后，及时向其父母（或随行乘客）客气地询问在飞行期间的客舱服务过程中，有没有需要特别注意的问题（比如说是否需要特定的饮品等，提前了解这些问题在中、长途航班上尤为重要）。

登机后，要第一时间向少年乘客赠送航空公司专为少年乘客准备的礼品（根据实际情况，某些航空公司没有此类物品）。

不要将带小孩（不满12周岁）的乘客安排在紧急出口和应急窗口的位置上。在飞机起飞前，应向少年乘客或其父母（或随行乘客）询问是否需要口香糖等有能帮助减轻耳鸣作用的物品，另外提醒系好安全带。

在飞机起飞后，要每隔一段时间向少年乘客本人或其父母（或随行乘客）询问是否有任何需要。

提供餐食时征求父母的意见。要注意不要配备太过锋利或可能对少年造成伤害的餐饮器具，而且餐食温度要尽量适中。另外，对少年乘客所要的饮品，注意大约在所用杯子的一半容量即可（各个航空公司不太一样，不过一般乘客基本上在70%左右比较合适），以免不小心造成碰洒等情况的出现。

在服务空隙与少年乘客进行适当交流。

如果航班上配有纪念品，可以作为小礼物在航班降落前送给少年乘客。

在航班降落前，空乘应提醒系好安全带，并做好桌板、窗屏、头顶行李箱的安全检查。

[训练] 模仿情节，分角色沟通

在深圳—大连的航班上，一位年轻的母亲面对自己顽皮的3岁儿子已无可奈何。乘务员走过去对着大汗淋漓的母亲说："您别着急，孩子可能是由于长时间待在这个环境中，有点烦躁感，让我带他一会儿吧。"乘务员把小男孩抱到服务间里，换了一个环境，小男孩果然安静了许多。眼睛不停地看着各种新奇的东西，趁他不注意，乘务员从服务车里拿出一个毛茸茸的玩具，对他说："你看，阿姨会变魔术！"看到玩具，他咯咯地笑了。那位母亲听到笑声，走过来问乘务员："你怎么这么会逗孩子？"乘务员说："我的女儿也有这么大了，看到您的儿子，让我想起女儿，这让我很开心。"那位母亲下机时，写了个地址和电话号码给乘务员，真心希望她有空带上女儿去她家做客。

③ 无人陪伴儿童

无人陪伴儿童（也有航空公司将其称为"独飞儿童"），大多数情况下都是指那些父母托付航空公司负责全程运送并加以照顾的少年乘客。在过去几年中，无人陪伴儿童越来越多，很多航空公司在对向他们提供的人性化服务方面也都积累了很多宝贵的经验。针对无人陪伴儿童提供高质量的人性化客舱服务的注意事项：

在与地服人员交接后，要先帮其安排好座位，放置好随身行李。同时及时告知相关舱位的空乘同事其座位号和有无特殊餐食要求等事宜。

在登机后，要在第一时间向其赠送航空公司专为少年乘客准备的礼品（根据实际情况，某些航空公司没有此类物品）。

在飞机起飞前，应向其询问是否需要口香糖等能帮助减轻耳鸣作用的物品，另外提醒其系好安全带，不要在航班起飞期间使用任何电子设备（如掌上游戏机、PAD等），对于年龄偏小的独飞少年乘客，应注意做好解释工作。

在飞机起飞后，要每隔一段时间向其本人询问是否有任何需要。

在准备航餐时，要注意不要配备太过锋利或可能对少年造成伤害的餐饮器具，而且餐食温度要尽量适中。另外，对少年乘客所要的饮品，注意大约在所用杯子的一半容量即可（各个航空公司不太一样，不过一般乘客基本上在70%左右比较合适），以免不小心造成碰洒等情况的出现。

如果航班上配有其他纪念品，可以作为小礼物在航班降落前或适当时候送给独飞少年乘客。

在航班降落前，空乘人员应提醒系好安全带，并做好桌板、窗屏、头顶行李箱的安全检查。

在航班降落并开始下客后，应保证安排独飞少年乘客尽量在其他乘客之后下飞机，要做好与地面服务人员的交接工作，空乘人员还应帮助乘客本人在下机前查看行李是否齐全等，以免遗落其随身物品。

案例

照顾无成人陪伴儿童

某海口—成都的航班，乘务员像正常飞行一样，为正在看报纸的旅客开阅读灯，为老年旅客讲解客舱设备的使用方法，解除他们初次乘机的不安……在乘务员巡舱时，发现后排座位上有一名无人陪伴的小旅客，刚满六岁，她的双手紧紧地抓着座椅扶手，头紧贴在靠背上，从小女孩的眼神里能看出来她对于这个庞大的"怪物"既好奇又害怕。飞机开始滑行，乘务员坐到小女孩的身边，拉着她的小手告诉她说："不要害怕，飞机马上就要起飞了"，随着飞机滑行的速度加快，乘务员的手也被她的小手攥得更紧，身子也向乘务员靠了过来……到下机前，乘务员和小女孩已经成为无话不谈的"忘年交"，她也慢慢放松了对飞机的恐惧心理。下机时，乘务员告诉她，会有海航的阿姨带她去见妈妈，可是小女孩还是拉着乘务员的手要求送她，乘务员爽快地满口答应了。

第二天，乘务员忽然接到孩子妈妈的电话："谢谢你对我女儿的照顾，孩子交给你，我非常放心！"

④ 需特殊照顾的儿童乘客

应该针对每名需要特殊照顾的儿童乘客的自身情况来确定具体的客舱服务方式及相关细则问题，这一群体是最考验空乘人员随机应变能力的。总而言之，空乘人员遇到需要特殊照顾的儿童乘客时，最重要的一点就是要做到设身处地想问题，要尝试把自己当成那名需要特殊照顾的少年乘客，同时根据当时的现状，采取最适当的处理方式，从而体现出航空公司人性化客舱服务的一面。

（3）对盲人旅客的服务

主动做自我介绍，帮助盲人乘客上下飞机；帮助盲人寻找座位；介绍飞机上各种设施的使用方法，特别是要告知盲人救生衣、氧气罩的使用方法及紧急出口的位置；空中安排专人负责，经常询问盲人乘客的需求，主动提供更显人文关怀的服务。真正的服务是没有局限性和固定模式的，但必须是及时周到的。好的服务都需要用心付出，学会共情，有同理心，才会发现旅客需要的是什么。

案例

细心照顾盲人旅客

某航班上来一位盲人旅客。这位旅客上飞机的时候，抓住乘务员的手，紧握不放，着急地问乘务员座位在哪里。乘务员主动将他引导到座位上，帮他系好安全带，然后教他摸到安全带的扣子，手把手地教他如何把安全带打开，这样他学会用安全带之后，便非常安心地乘机。乘务员随后叮嘱旁边的乘客："先生，麻烦您帮我们照顾一下这位旅客，上面是呼唤铃，如果有任何事情，我们又不在身边的话，您按一下它，我们会马上过来的！好吗？"

用餐时间到了，乘务员特别将餐食的包装都打开，然后扶着他的手去摸，"饭食是热的，吃的时候不要烫到了。"乘务员把勺子放在他的手中，盲人旅客用右手紧紧地握着，露出会意的笑容。

（4）对聋哑乘客的服务

飞机上有时候会有聋哑乘客乘坐飞机。他们通常通过手势和表情与人沟通。作为一名合格的乘务员，要注意观察。当发现有这样的乘客时，可以尝试着用纸笔写字的方式和他们沟通。建议空乘人员学一些基本的客舱服务手语，以便特殊情况时可以进行沟通。

（5）飞机上与紧急出口处乘客的沟通技巧

紧急出口处旅客的确认是一个需要技巧性的工作。旅客都有需要被尊重的心理，可以用介绍小知识使其了解和证明出口重要性的例子作为确认方法，而不是用命令式或者过于公式化的方式和干巴巴的专业术语去解决。如在波音737飞机机舱内靠近机翼的位置，每侧都有一个紧急出口。美国的航空公司通常都会对紧急门边的这名乘客予以特别关照，一般情况下，检票人员会把这个座位留到最后。因为在美国，几乎每架飞机上都会有持免票等待空座位的航空公司内部人员，这些人会比普通乘客更了解飞机，把他们放在紧急出口旁有利于对紧急情况的处置。

国内客舱通常步骤是：关机门后，乘务员会走到紧急出口旁乘客旁边，首先观察确认是否为成年人；其次询问他是否了解紧急门的使用方法，是否愿意在紧急情况下协助乘务员进行操作；然后告诉这名乘客，一旦打开了紧急门，应当把门扔出机外，而不是留在机内，防止挡住出路。紧急出口的用途是航空公司通过大量地面模拟实验总结出来的，关键时刻会起重要作用。最后，乘务员还要检查清理紧急门附近是否有乘客的行李物品。不熟悉飞机的乘客可能会对这个紧急门有点恐惧，但幽默的乘客有时会开个玩笑，缓解紧张气氛："我特别喜欢这个座位，比别的地方宽敞，出事时还可以第一个跑出去。"

模块二　客舱非语言沟通

人们在日常生活中的交流往往伴随着一些体态语言，体态语言与口语沟通往往是密不可分的。常见的体态语言有微笑、目光注视、手势语、站姿、坐姿、蹲姿等。空乘人员不仅要让自己的有声语言给旅客以美感，而且也要让自己的无声语言给旅客留下好印象,即乘务人员要掌握多种表达方式,善于使用礼貌用语和无声语言,使沟通更能体现人文关怀和内在修养,富有亲和力。

一、微笑训练

(一)微笑的魅力

美国希尔顿酒店总公司董事长康纳·希尔顿在 50 多年的经营里,不断地到他设在世界各国的希尔顿酒店视察,视察中他经常问下级的一句话就是:"你今天对客人微笑了没有?"

微笑可以表现出温馨、亲切的表情,能有效地缩短双方的距离,给对方留下美好的心理感受,从而形成融洽的交往氛围。面对不同的场合、不同的情况,都能用微笑来接纳对方,可以表现出个人良好的修养,待人的至诚。微笑有一种魅力,它可以使强硬者变得温柔,使困难的事变得容易。所以微笑是人际交往中的润滑剂,是广交朋友、化解矛盾的有效手段。

越来越多的生活体验告诉我们:微笑并不一定意味着高兴。事实上,它更是一种重要的体态语言、社会语言,具有社会性。微笑,反映的是一种意愿,一种关系,一种文化。面对飞机上的每一位乘客,乘务人员必须是微笑的,微笑是乘务人员必备的基本社交语言,这种语言能够拉近乘务人员与旅客之间的距离。发自内心的微笑能让旅客感受到乘务员的敬业精神。要笑得好很容易,想象乘客是自己的朋友或兄弟姐妹,就可以自然大方、真实亲切地微笑了。

自称"微笑之邦"的泰国,把微笑广泛地运用到一切服务当中。泰国航空公司直截了当地把微笑当成商品做起了广告:"请乘坐平软如纱的泰航飞机,到泰国享受温暖的阳光和难忘的微笑!"日本也是非常重视微笑服务的国家。日本各航空公司,在空乘人员上机之前都要接受长达 6 个月的微笑训练,训练在各种乘客面前和各种飞行条件下都能真诚流露出微笑。

(二)微笑技巧及训练

人微笑时应是嘴角上翘,眼里含笑。微笑也有技巧,它是可以通过训练而掌握的。下面介绍几种微笑的训练方法。

1. 拇指法

双手四指轻握，两拇指伸出，呈倒八字形，以食指关节轻贴颧骨附近；两拇指肚向上，放于嘴角两端 1 厘米处，轻轻向斜上方拉动嘴唇两角，反复多次，观察你微笑的状态。（反复如此训练，仔细观察体验嘴角在每一位置时的美感，并选取最佳位置、定格、再欣赏、再定格、再观察）

2. 食指法

轻握双拳，两食指伸出呈倒八字形，放于嘴唇两角处，向斜上方轻轻拉动嘴角，并寻找最佳位置。或双手轻握，伸出食指，两拳相靠放于下巴下方，两食指放在嘴角两端，向斜上方轻轻推动，反复推动多次，直到找到满意位置为止。

3. 中指法

两中指伸出，其余四指自然收拢，半握；两中指肚放在嘴角两端，轻轻拉动嘴角；反复动作，直至找到满意的微笑状态为止。

4. 小指法

两小指伸出，其余四指自然收拢，半握；两小指肚放在嘴角两端，轻轻拉动嘴角；反复动作，直至找到满意的微笑状态为止。

5. 双指法

双手拇指、食指伸出，其余三指轻轻握拢；将两食指按放在两眉上外端；两拇指按放在嘴角处，向斜上方轻缓拉动。反复多次，直到满意后，定格欣赏，再训练。

对镜训练

第一，要专注欣赏。可用厚纸挡住嘴，努力回想经历过的最愉快的事情，直到眼睛慢慢带上笑意，然后把纸移开，口中说"一"，这时人是眼角含笑、嘴角微微上翘的。每次训练都要专心、聚精会神地练习。

第二，贵在坚持。待经过一段时间，不用手动就能达到最佳状态的微笑时，就可放弃手助操作训练，转而用意念进行自然微笑训练。

第三，天天对镜微笑。一觉醒来，先微笑一下再起床；晚上入睡之前，先微笑一下再轻松入睡。每天早晚洗漱时，首先都要对镜微笑一下。不仅如此，一天之内每次见到镜子也要自觉微笑一下，并伴以愉快的心情，进行满意的自我欣赏。

只有这样才能养成良好的微笑习惯,才会微笑得自然、美丽。

二、其他身体语言

全世界的人都借助示意动作有效地进行交流。最普遍的示意动作,是从相互问候致意开始的。了解这些示意动作,至少你可以辨别什么是粗俗的,什么是得体的,使你在与旅客交流时,更加得体地表现出来,从而容易避免误解。

(一)目光(用眼睛说话)与训练

在西方或与外国人谈话时,不论是说话或倾听,你都应该专注地看着对方的眼睛(不要不停地眨眼或移动眼神)。如果没有这样做,别人会认为你是不礼貌和不真诚的。

应当注意,交流中的注视,绝不是把瞳孔的焦距收束。紧紧盯住对方的眼睛,这会使对方感到尴尬。交谈时正确的目光注视区域应当是对方的眼睛与鼻子之间。道别时,则应该用目光注视对方的眼睛。

眼神美的训练方法:

①香火法:手持一炷点燃的香,在眼前自由转动,要求视点始终追逐并集中在香头上。主要训练眼神转动的灵活性,达到目光集中、有神的目的。

②盯靶法:身体站在距其2~3米处目视靶环牌,目光从环外逐渐向环内移动,最后落在靶心。锻炼目光集中和有神采。

③钟摆法:找一摆钟,距离其2~3米站住或坐好,目光随钟摆来回摆动,反复练习。

④扫描法:在室内墙上两侧与目光平行处各画一条线。站在或坐在墙中间距离所画线2~3米处,练习目光随颈部转动而变化。锻炼眼神的灵活性。

(二)鞠躬迎客、送客

一般在迎候客人和送别客人时我们常用微微鞠躬的礼节。一般采用一度(也称15度)鞠躬,即女性乘务员要双手交叉放在小腹处,含笑注视乘客,微微鞠躬；男性乘务员双手放在身体两侧，含笑点头问好。

在鞠躬问候时，要挺胸、抬头、收腹，自腰以上向前倾；鞠躬时上身抬起的速度要比下弯时稍慢一些；上身向下弯时，要先看对方的眼睛，然后再看对方的脚，起身后，再次注视对方的眼睛。如果不抬眼皮地看地下或脚面是一种低头认罪的姿态，不符合礼仪规范。

（三）身体半蹲以示尊重

半蹲仰视是人们对自己尊敬或崇拜的人常用的一种神情。在客舱服务中，如果我们能够结合微笑和口语沟通把这种姿态运用得恰到好处，可以极大地缩短我们与乘客之间的心理距离，特别是针对老年人、儿童和需要特殊沟通的旅客。

比如航班服务中，大多数乘客是不希望引起他人关注的，特别是老年人。乘务员可以采取半蹲的姿势与老人轻声沟通，把亲情融入工作中。问他需要什么，给他亲情般的温暖。

📄 案例

以蹲姿与旅客沟通安抚情绪

某航班因机械故障延误。正值酷暑，大热的天，旅客被闷在客舱里，没有空调，旅客的情绪随着气温的升高不断高涨，闹事的，谩骂的，整个客舱里像炸开了锅！看到这种情景，乘务员一边大声地要求旅客安静，一边安抚旅客，可乘务员的说话声完全被淹没在吵闹声中。一名男乘客已经按捺不住，使劲地按服务钮，乘务员急忙跑过去，蹲下身问他："先生，你有什么需要我帮忙的？天这么热，您先坐下来休息休息，喝杯水好吗？"然后对他微微地笑了笑，那位旅客先是愣了一下，意识到自己失态后，赶紧接过乘务员的水，喝了起来，并回了声："谢谢！"其他旅客看到这情景，才意识到自己也口干舌燥了，于是纷纷向乘务员要求提供饮料，乘务员愉快地答应着，很快一场风波就这样平息下来。

蹲姿训练：

①交叉式蹲姿：下蹲时右脚在前，左脚在后；右小腿垂直于地面，全脚着地，左脚跟抬起，脚掌着地；两腿前后紧靠，立腰，身体微微前倾，臀部向

下。尤其是穿裙装的女乘务员以此种蹲姿为好。

②高低式蹲姿：下蹲时左脚在前面右脚稍后，女士两腿紧靠（男士两腿可分开）向下蹲。左脚全脚着地，右脚跟提起，使脚掌着地；右膝内侧靠于左小腿内侧，形成左膝高而右膝低的姿态；臀部下沉，基本上以右腿支持身体。

（四）空乘人员仪表仪容要求

对空乘人员仪表美的总体要求是：仪容整洁、举止大方、端庄稳重、不卑不亢、态度诚恳、待人亲切、服饰整洁、打扮得体、彬彬有礼。具体概括为以下几方面：

1. 发型

头发要常洗常梳理，正常情况下1~2天洗一次头发。空乘女性发型要大方，适合自己的脸形、制服和风度，不留奇异、新潮发型，不染异色头发。女性发不遮脸、不遮耳、不过肩，长发要扎起或盘起，用深色的发饰并保持统一，前刘海可以卷曲也可以直发，但不过眉毛。男性鬓发不盖过耳部（不得留大鬓角），后脑头发不触及后衣领，不留长发、光头，不烫发。

📄 案例

中国国际航空股份有限公司对乘务人员仪表的要求

（一）女乘务人员

1. 发型：乘务人员身着制服时，头发注意保持发型整洁美观、大方自然、统一规范、修饰得体。发型以乘务业务规定的标准发型为主，不留怪异发型。

2. 化妆：女乘务人员值勤时必须化工作妆，及时补妆，保持良好的精神面貌，保持手和指甲修剪整洁。不使用不健康颜色及亮彩色等的口红，不佩戴过大的饰物、时装手表，不在旅客面前补妆、修饰。

（二）男乘务人员及安全员

发型以平头、分头、背头为主，随时保持整洁。双侧鬓角不得盖住双耳，前侧头发保持在眉毛上方，头发不得长于衬衣衣领上线。不留胡须，保持手和指甲的整洁。

（资料来源：《国航客舱服务部乘务人员、安全员管理手册》）

2. 服装

空乘人员穿着制服要做到整齐、清洁、挺括、大方、美观、得体。穿衬衫要束在长裤、裙里面,不挽袖卷裤,注意内衣不能外露,不掉扣,漏扣;帽子戴在眉上方1~2指处。领带、领结、飘带与衬衫领口的吻合紧凑且不歪斜,工号牌佩戴在左胸的正上方。目前各航空公司都有自己的制服。

每次航班前,应熨烫衣服,以防有褶皱。同时检查制服有无损坏、污渍、掉扣、开线等情况,若有应立即进行修理补救。航班结束后,应干洗制服,保持制服干净如初。

空乘人员的鞋袜要求保持光亮、干净,不能穿破损袜子。女性穿着肉色连裤袜;男性应穿与裤子、鞋同类颜色或较深色的袜子。袜子的尺寸要适当,不得有跳线和松弛现象。

乘务员制服应整洁

📄 案例

中国国际航空股份有限公司对乘务人员着装的要求

乘务人员着装规定:

1. 值勤时,同一航班乘务人员可根据航线季节、天气变化及个人身体素质着装,空中女乘务人员一律着裙装;迎送客时,乘务人员可着马甲,寒冷地区可着大衣。

2. 皮鞋应保持光亮、无破损，空中应着单皮鞋，平底鞋只能在空中服务时穿着。

3. 着制服时须扣好纽扣，女乘务人员着大衣、风衣时要系好腰带、佩戴围巾、手套。

4. 围裙在为旅客提供餐饮服务时穿戴，保持熨烫平整、干净。

5. 男乘务人员着制服时，必须佩戴帽子；女乘务人员着制服外套、风衣、羊绒大衣时要佩戴帽子。

6. 登机证佩戴在制服、风衣、大衣胸前，上机后摘掉；服务牌佩戴在制服右上侧、衬衣和围裙的左上侧。

（资料来源：《国航客舱服务部乘务人员、安全员管理手册》）

3. 饰品

空乘人员可佩戴设计款式保守简洁的手表，表带宽度不超过2厘米，颜色限深色。

可戴结婚、订婚戒指1枚，设计简单，镶嵌物直径不超过5毫米。

可戴1副耳钉，设计简单，镶嵌物直径不超过5毫米。

4. 良好的卫生习惯

头发清洁，衣领、衣袖干净，身上无汗味或异味；指甲清洁，不留长指甲；忌吃葱、蒜、韭菜、洋葱等有刺激性气味的食物。

模块三　客舱专项沟通训练

要充分理解旅客的想法和心态，对旅客在民航外受气而迁怒于民航，或因身体、情绪等原因而大发雷霆等种种出格的态度和要求，应给予理解，并以更优的服务去感化旅客。

一、真诚的关怀——客舱服务的真谛

案例

尊重旅客的意见

某航班上,一位旅客抱怨餐食过期变了味。为不影响其他旅客,当班乘务长半蹲在旅客身边耐心解释:餐食都是当天配好的,正餐不会超过4小时,点心不超过6小时,请他放心用餐。但旅客仍强词夺理:"餐食的外包装虽印有生产日期和保质期,但里面的独立小包装盒上没有印日期。"面对旅客咄咄逼人的样子,乘务长面带微笑地说:"我虽没有看到餐食制作过程,但作为航空公司一员,我相信我们的公司不会把过期餐食送上飞机,请您放心吧。"整个航程,乘务长多次接近该旅客,更加细心地服务。

临下飞机时,乘务员感谢该旅客指出了她们工作中的不足,表示会把意见上报给相关部门,加以改善。旅客满意地笑了,也向她道出了心中真正的不快。

分析:遇到乘客不满意的事情而又无法解决时,不妨表达对旅客的尊重,表示会把乘客的意见及时反映上去。

案例

服务不好沟通的旅客

某航班飞行任务中,乘务员发现有一位老大娘登机时与其他旅客不同,带着冷漠的表情直奔客舱最后一排就座。她少言寡语,眉头颦蹙,举止呆板,凭一种直觉乘务员感到这位老大娘肯定有心事,为此,在供应餐饮服务的时候,尽量与她多交流,希望空中关怀能让她的心情有所好转。

可是偏偏事与愿违,越是想提供最好的服务,越是出了麻烦。就在乘务员给老大娘送餐时,由于她神情恍惚,不小心抬手把整整一盒面条全部打翻,扣了自己一身。顿时,她勃然大怒,眼睛直瞪着乘务员,毫不掩饰地发了一顿脾气:"你这是怎么搞的,服务这么差劲!"

分析：作为乘务员面对这样的情形时，绝对不能推卸责任，更不能与旅客争执，需要马上向老大娘温和地道歉，拿来小毛巾帮她擦拭被弄脏的衣物，以便使她逐渐消气。随后乘务员可以帮她放好小桌板，再重新端来一份热腾腾的面条。在随后巡视客舱时对她多加关心：她看报纸时，轻轻地为她打开阅读灯；她睡觉时，悄悄地为她关上通风口，盖上一条毛毯；她睡醒时，及时奉上一杯热茶……以细微的关怀慢慢打开旅客的心扉。

案例

关爱帮助买错票的外籍老年乘客

某乘务组执行由西安—北京—东京航班时，在北京机场地面特服人员用轮椅推着一个老太太上飞机，老太太哭得像一个泪人儿似的。乘务长急忙迎上去，把老人安排到座位上坐下。乘务长想老太太可能是腿脚太疼痛才哭，她赶紧用毛巾为老太太擦眼泪，让她喝口水。这时老太太情绪稍微稳定了一些，也不哭了，乘务长蹲在老太太的座椅旁问她哪里痛，好帮她揉一揉，老太太这才向乘务长说出了事情的原委。

老太太是日本人，前一天通过电话在某航空公司售票处购买机票时，售票员没有听懂老人的要求，本来要买大阪的机票，结果送票员给她送来一张到东京的机票。老太太想换成第二天到大阪的机票，又考虑到自己的临时护照马上到期，不走不行了，别的航班也没有机票了，只好忍受被骗的感觉接受了现状。刚才在候机厅，患有糖尿病的老人托运三件大行李，又随身携带了两大件行李登机，由于心里一直在想她女儿怀抱6个月大的婴儿在大阪机场接自己，自己又只能先到东京机场，一不留神把脚崴了，地面特服人员只好用轮椅把老太太推上来。坐在轮椅上，原本就感到委屈伤心的老太太越想越难受，便号啕大哭起来。

飞机起飞后，老太太又哭起来了，乘务长对老太太说："老人家不要哭了，我们大家一定会想办法把您送到您的家人那里，让您顺利到家。"并立即向机长说明了情况，希望通过空中无线电联系东京机场，了解东京到大阪的新干线最晚一班是几点钟，看老太太能不能赶得上。假如老太太赶不上，就求助航空公司驻东京办事处，帮忙送老太太到酒店住一夜，第二天再想办法。

三个多小时的航程中，老人得到了乘务组细致入微的照顾。为方便老太太上厕所，乘务组把她的座位调到后舱第一排3D，乘务员搀扶老人去厕所。乘务员得知老人患有糖尿病后，就不厌其烦地多次送去温开水让老人喝；看见老人不停地哭，就用小毛巾为老人擦泪擦脸。老人被乘务组的服务感动了，她告诉乘务长说："我本想回到日本后，上法庭告中国××航空公司，是你们用真心打动了我，我感谢你们。"

飞机降落在东京机场，乘务长又向航空公司东京办事处工作人员讲了这位特殊旅客的情况，请他们给老人的家人打电话联系，自己和该办事处人员立即用轮椅将老太太推到行李提取处取行李。老人女儿的电话终于打通了，但由于婴儿太小不方便从大阪到东京来接老人。乘务长急忙推着老太太和她的5件行李直奔候机室外大巴士车，还有5分钟末班车就要开走了，大家齐心协力把老太太和行李一同送上车。上车后老太太更加激动，又哭得像一个泪人儿似的，不停地向大家致谢。顺利回到了家的老人，向家人讲述了自己回家的经历，家人也被乘务组的真情服务所打动，立即给客舱部领导写了表扬信，表达他们对乘务组的感激之情。

（资料来源：《中国民航报》）

分析：细致入微的真诚服务在于每个细节都考虑、落实得很到位，把客舱服务延伸至整个行程。

二、登机沟通训练

（1）登机时的一般问候是："您好，欢迎登机！"

练习要点：问候时，身体微微前倾，15度鞠躬问候，要面带微笑，目视对方说："您好！"然后鞠躬。注意语气亲切、柔和，鞠躬时身体和脖子成一条直线，而不能脖颈耷垂，起身动作要优雅。

（2）真正的服务随环境的变化而变化，问候也不是一成不变的。

①如果乘客很多，上机速度很快，也可以微笑目视乘客，微微点头，直接问候："您好！"

②遇到飞机延误等情形可以根据具体情况灵活掌握。比如，登机问候可以改为"很抱歉，耽误您时间了"等。

📄 **案例**

包机延误　乘务组用温暖的登机问候来化解乘客不满

一名乘客拿到某航线的包机机票。办完票，广播通知广州流控，飞机延误半小时。对于飞机延误，该乘客已经习以为常了：飞机吗，不确定因素太多了，也就没有必要责怪了。半小时后开始登机时，该旅客在登机口听到乘务员一声声真诚的道歉："很抱歉，耽误您宝贵时间了！"有点意外，但很温暖。好感顿时化解了旅客们对延误的怨气。试想，如果每一个航班都像这样，很多航空公司和旅客的纠纷都会化解在萌芽之中了。

登机后，乘务组热情引导旅客，协助放行李，差不多满客的机舱很快完成了登机。对于这种满客旅游包机，这么快的上客速度，充分说明了乘务员过硬的专业技能。

分析： 服务伊始，乘务长可以介绍全体乘务人员。这样的介绍很新奇，能一下子拉近与乘客们的距离。这种让旅客近距离了解和接近乘务组的工作方法体现了航空服务以人为本的内涵。

三、客舱交流训练

空乘应该本着真诚的态度营造一种亲切的氛围，让旅客进入客舱有一种宾至如归的感觉。这种亲切的职业形象容易拉近与旅客的距离，在服务过程中显得轻松自如，服务水平也能得到最大限度的发挥。

服务没有好坏之分，关键在于是否用心去服务。旅客进客舱，关上舱门，从那一刻起，大家就像一家人一样，乘务员就是旅客的亲人，老人的子女，小朋友的哥哥姐姐，同龄人的朋友。为旅客服务就要用心去接触，让旅客感到我们在时刻关怀着他们，用心、用情去阐释服务的真谛，服务才能够在客舱中得到延伸。

📄 **案例**

安抚着急回家看生病老伴儿的老年乘客

某航班乘务员巡舱到12排A靠窗的座位时，发现一位老爷爷默默地看着窗外，一言不发，脸上带着焦虑的愁容。旁边的座位是空的，乘务员走到老人旁边，轻声地问道："爷爷，有什么需要我帮忙的？给您倒一杯开水好吗？""不用了，我就是有点累了，已经两个晚上没有睡过，我休息会儿，没事。"尽管老人的普通话不太标准，但乘务员还是慢慢地琢磨着他说的话。"哦，爷爷，如果身体不舒服您尽管和我说，我随时会到您身边。""谢谢了，姑娘，我身体很好，就是急着想回家看看老伴儿，她刚刚被送往医院，我心里着急怕她出事啊！""哦，您千万别慌，相信她会没事的，您也要好好休息，别累着了。"尽管不知道老爷爷的老伴儿得了什么病，但乘务员尽量地安抚老人。看着老人干裂的嘴唇，乘务员送来一杯温开水和一条热毛巾，希望能够擦去老人风尘仆仆的疲惫。尽管对老人的"心病"爱莫能助，乘务员还是像对待自己的爷爷一样，有空就走到他旁边，时刻关心他的需求，与他聊上几句，给他解解闷，分散他的注意力，就当是尽子女的一份孝心。下飞机时，老人特意走到这位乘务员跟前，发自内心地说了声："谢谢啊，你就像阳光一样，很温暖！"

(资料来源：《中国民航报》)

四、飞机延误时的沟通训练

飞机延误是乘客最不愿意看到的事情，特别是在盛夏的季节，当乘客都上飞机后发生这样的事情，乘客更是不能容忍，抵触情绪可能很激烈，这时尤其是对乘务员沟通能力的严峻考验。乘务员要面带微笑、不厌其烦地耐心解释，更要对乘客的不满提问从安全角度予以劝解，使其从心理上接受民航"安全第一"的原则。

如某航班延误后，乘务员在候机期间主动为乘客服务。在发饮品时，一位年轻人大声嚷道："这样的破飞机，你们公司还能挣到钱吗？"乘务员告诉他："先生，首先感谢您对我们公司效益的关心，效益对于一个航空公司来说真的很重要，但是比这更重要的是您的安全，正因为我们的公司向每位旅客承诺了安全，所以在安全的问题上我们不能有一丝马虎。"不卑不亢，往往可以收到意想不到的效果。

📄 **案例**

飞机因故障延误起飞　乘务组用心服务来弥补

一个炎热的夏天，某航班起飞的时间正值中午，飞机在旅客全部登机后出现了故障。当时，机舱外的温度超过了30℃，由于飞机故障导致空调系统无法启动，加之旅客人数多，飞机密封不通风，机舱内的温度达40℃，旅客的抱怨声此起彼伏："这哪里是坐飞机，简直是洗桑拿！""你们这也叫飞机？！""我们要退票！""服务员，再这样下去，我父亲的心脏病会犯的！"……乘务组很能理解旅客的心情，在广播中对由于机械故障给旅客带来的不便表示歉意，并希望通过乘务员的服务来弥补。乘务长与机长协商将客舱门全打开通风，与地面保障部门联系申请配备了大量冰块，用小毛巾包上冰块发放给每一位旅客，然后向旅客发放冷饮。乘务员们穿梭在客舱里，为年龄大的老人更换了宽敞的座位，用报纸折成一把把小扇子……汗水和微笑同样挂在脸上。难熬的一个小时终于过去了，飞机故障排除了，在40℃的高温下工作，乘务员的衬衣和马夹都湿透了。当乘务长带领乘务员们站在客舱里对旅客的理解和支持表示感谢时，客舱里响起了热烈的掌声。

五、客舱十项涉及安全的沟通事项

客舱安全不仅是空乘的责任，还与每一位乘客息息相关。自旅客登上飞机那一刻，空乘人员就开始播放安全须知，提醒旅客系上安全带，收小桌板，拉开遮光板，反复确认移动电子设备是否关闭，时刻注意客舱的每个变化和异常，空乘人员要把客舱安全检查、沟通贯穿于服务的整个过程中。

1. 客舱广播

航空旅行非常安全，但为避免意外，旅客应注意聆听乘务员在起飞之前的讲解，了解在紧急情况下如何使用氧气面罩和紧急情况下的各种处置方法。为了引起乘客重视，乘务员除了正常讲解之外，针对乘客提出的相关问题要会解答。

2. 安全须知

安全须知，顾名思义，就是让乘客了解飞机上和安全有关的设备、注意事项等，从而更好地保护乘客的安全。机型的设备和出口常常是不一样的，乘务员要注意把区别较大的地方告诉乘客。

3. 手机

正常登上飞机后就应关闭开启着的手机等无线电设备，以防干扰飞机与地面的无线信号联系。从关舱门开始到打开舱门都是禁止使用手机的，许多乘客都知道使用手机会影响导航系统并严格遵守。从2018年开始根据民航局发布的《机上便携式电子设备（PED）使用评估指南》要求，以各航空公司自行要求为准，因此，飞机上要严格遵守乘务广播及乘务员的要求使用手机。

4. 大件行李

机票上规定了旅客随身可带的行李重量规格，大件行李在出口过道都不能放，舱单中有一项是算起飞重量的，如果超过起飞重量，飞机起飞时没拉起来，后果将不堪设想。遇到很多乘客有大件行李，乘务员一定要及时劝说、制止。

5. 出口座位

空乘人员首先要学会目测坐在出口座位的旅客，看其是否适合坐在这里。接下来要向乘客讲解出口座位和安全门，并提醒乘客正常情况下千万不要拉动紧急窗中门。如果紧急情况发生时而窗外又没有危险，该乘客需要迅速打开紧急窗口，协助其他旅客撤离。因此，为了旅客安全，空乘人员可以适当调整出口座位的旅客。

6. 系安全带

常常有乘客认为安全带"系上不舒服"或者"没关系我不怕"，如果飞机遇到不好的天气，急速下降几百米，没系安全带就会成为"空中飞人"，即使不得脑震荡，头上也得起个大包。所以，空乘人员一定要要求乘客在飞机起飞、下降和颠簸时系上安全带，防止因飞机颠簸而受伤。

7. 收小桌板

收小桌板是为了在紧急撤离时无障碍，保证个人能以最快的速度离开飞机。收小桌板是为了旅客个人的生命安全，这一点尤其需要告知乘客。

8. 收桌椅靠背

收桌椅靠背是为了紧急撤离时后排的旅客们能快速离开飞机，要是乘客在起飞、下降时忘记收靠背必须提醒他。

9. 打开遮光板

起飞和下降时都要打开遮光板,首先是为了便于靠窗乘客观察窗外有无异常,有情况可及时通知乘务员;其次,发生紧急迫降后如果没能及时离机,救援人员能通过窗口看到乘客并使其得到及时救助。

10. 禁止吸烟

在飞机上吸烟容易引起火灾,国内的航班是绝对禁止吸烟的,连机坪上也是不允许的。《中华人民共和国民航法》规定在飞机上吸烟是违法的,将处以罚款和拘留的重罚。乘务员在看到乘客吸烟行为时,要晓以利害,坚决制止。

空乘工作是一个很具有挑战性的职业,需要付出很多的心血和代价。比如某航班一名旅客不知在哪儿受了一肚子怨气,一上飞机,总想无理取闹,找点麻烦发泄一下。乘务员看到这位旅客满脸怒容,知道他的心情一定很坏,便不失时机地主动上前与他搭话,尽可能帮助他解除烦恼。刚开始的时候乘客不领情,对乘务员的热情服务熟视无睹。经过乘务员一路上真诚、耐心的服务,乘客终于有所感动,情绪渐渐有所缓和。恰好该乘客的手机落在了洗手间,乘务员发现后及时交给了他。临下机时,这位旅客频频称赞航班服务好,希望有机会再见,并对自己刚上飞机时的恶劣态度向乘务员表示道歉。其实,用真心换来旅客对乘务员的理解和感谢,也是乘务组人员工作的最大动力。

[乘机常识6]

如何让机上旅行更舒适

由于飞机的座舱气压比地面略低,同时氧气较少,容易使人流失水分,造成口干舌燥、皮肤干燥等情形,但只要经常适量地喝水,应能避免这种症状。眼睛干涩,可以在医师同意下用人工泪液来滋润。值得注意的是,长程旅行最好不要佩戴隐形眼镜。

为了补充水分必须多喝水,但是水喝多了,由于长时间无法伸展,腿部容易因压力而肿胀,因此,适时做腿部的伸展运动就有其必要,而且常去洗手间排解也相当重要。千万不要因为厕所较远或怕打扰邻座乘客而憋尿。

为了避免肠胃不适,除了随身携带药品外,最好避免食用豆类、纤维、啤酒等容易胀气的食品。如有腹泻等情形，最好避免继续进食，以免症状恶化。若因为压力关系有耳朵不适的情形，可以试着用吞口水、嚼口香糖的方式去疏通耳咽管，缓解不适。

📖 模拟训练

一、飞机延误沟通训练

情节：飞机起飞时间已经到了，但由于空中气流的原因，飞机无法起飞，机舱内的温度已经很高，有的旅客非常急躁，你怎样与这样的旅客沟通并为其服务？

提示：首先必须向旅客道歉，并说明晚点是由于空中气流的原因，然后给每位旅客倒一杯冰水或冰饮料降温。

二、对乘客的非礼和不礼貌行为的拒绝训练

情节：在飞行的过程中，有一位乘客突然色眯眯地拉着乘务员问："小姐，你真美，能不能请你喝酒？"你应该如何回答？

提示：在飞机上遇到这种情况，千万不要害怕或害羞，这样会使乘客得寸进尺，提出更多无理的要求。这时一定要镇定，大方地婉言拒绝，可以说："先生，非常感谢你对我们××航空公司乘务员的肯定，但是我们在当班时间是不能饮酒的，非常抱歉。"

三、保证安全情况下的沟通训练

情节：飞行途中，乘客们发现了一位当红明星，很多乘客争着向明星索要签名，此时你该怎样与乘客沟通？

提示：飞机在飞行的过程中，飞机上的配平都已经固定好了，如果有大量旅客涌向一端，会对飞机平衡造成威胁。在这种情况下一定要控制住旅客，避免大量旅客的转移。可以向旅客解释说："女士们，先生们，这样大量旅客涌过来会对客舱平衡造成危机，为了大家的安全请暂时回到自己的座位。再说旅途过程中也很辛苦，我们先让这位先生（女士）好好休息。等飞机落地后大家再索要签名，好吗？"

四、一般常见情景训练

情节 1：空乘人员为带小孩的旅客服务时，应注意哪些问题？

提示：上机时，帮助提拿行李，安排他们坐好。提醒陪同人员在飞机起飞、下降和"系好安全带"灯亮时，帮助儿童系好安全带并注意其在客舱内的安全。送餐饮时，征询陪同人员的意见，尽量以冷饮为主。若小旅客需要热饮，则须叮嘱陪同人员防止小孩烫伤。

情节 2：乘务员在飞机上遇到熟人时应该怎么办？

提示：正常迎客，等到客舱服务间隙再走到该乘客面前，如该熟人座位在过道处，蹲下与熟人轻声交谈，以免打扰其他乘客；如该熟人坐在里面则轻声打招呼，询问是否需要帮助即可。切记不要让旁边乘客有被冷落的感觉。

情节 3：飞机起飞后不久，乘客对听到轰隆的噪声感到恐惧，如何解释？

提示：这是飞机收起落架和襟翼时产生的声音。飞机起飞后，大约在 10 米的高度上（这一高度因飞机的不同而异），驾驶员将起落架和襟翼收起，以提高飞机的空气动力性能，使飞机更快地爬升。如果旅客坐在客舱中央和靠近机翼处，就会听得更加清楚。

情节 4：飞机有时在降落着陆时反复 1~2 次，如乘客提问应如何回答？

提示：复飞，是保证飞行安全的措施之一，而复飞的原因有多种：有的是因为机场有障碍，有的是因为飞机本身有故障，更多的原因是天气坏，能见度低等。因为飞机着陆，有一个决断高度，当飞机下降到此高度时，驾驶员认为不具备着陆条件，就要加油门，重新把飞机拉起复飞，然后再次进行着陆……多次复飞，驾驶员如觉得不能达到着陆的要求时，为了安全，飞机就要改落备降机场了。

情节 5：在航班上乘务员为旅客提供正餐服务时，机上的正餐有两种热食供旅客选择，但供应到某位旅客时他所需要的餐食品种刚好没有了，乘务员非常热心地到头等舱找了一份餐送到这位旅客面前。如果你是乘务员该怎样与旅客沟通？

提示：乘务员要注意说话的技巧，先对乘客表示歉意，态度要诚恳；然后说明情况，一定要强调是特意到头等舱为乘客取来的，绝对不要让乘客误以为这是头等舱剩下的。

第五单元
空中服务沟通与播音综合技能训练

单元导读

俗话说："台上一分钟，台下十年功。"作为一名空乘服务人员，良好的沟通能力和技巧来自其自身的良好素养，来自平日的勤学苦练。得体的举止、广博的知识、机智的反应能力，再加上高超的服务技巧，这不仅是空乘服务行业自我发展的需要，更是时代发展的要求。

新中国几代空乘人员用真诚、知识和智慧把温馨、舒适和快乐传递给旅客的同时，也在逐步树立和巩固着中国航空业的崭新国际形象。

学习目标

知识目标：熟悉客舱服务的特殊沟通技巧及客舱应急知识；了解我国民航客舱服务的发展趋势；理解客舱服务沟通的理念和综合服务技巧之间的关系。

技能目标：熟练掌握客舱安全设施的使用方法和应急措施；掌握基本急救技能；能够在复杂情况下熟练准确地进行应急沟通。

素质目标：了解新时代民航客舱服务的发展趋势；自觉提高自身综合素质，有理想有抱负，愿意为增强我国民航业崭新的国际形象不懈努力。

模块一　空中服务沟通内在素质训练

乘机旅行对人们来说是一项重要的出行活动,做好相应的客舱应急服务会极大提高我国航空公司的国际竞争力。飞机上的服务看似简单,但要在飞行中站得正、走得稳、递得准、拿得起,绝非一日之功。服务工作无止境,只有不断地学习和提高自身的综合素质才能搞好,更好地满足旅客的文化需求。为了延伸服务的需要,乘务员必须将业务素质的修炼延伸到工作以外的业余时间。

一、客舱安全常识

保证客舱安全是做好服务工作的重要前提,客舱中应注意的安全隐患预防大致有以下几方面:

1. 地面安全检查细致到位

飞机上设置了紧急出口,并配备有紧急自动充气滑梯,在座位下面设置有救生衣以备旅客使用,防止出现意外情况。

乘务员上飞机后的第一件事就是要检查各自所在区域的紧急设备是否在待用状态,是否完好以及各项紧急设备的所在位置,当然还包括各种紧急设备的使用方法和注意事项,这是为了保证在遇到紧急情况时能够有效地与乘客沟通,紧急采取各种措施,是客舱杜绝安全隐患的有效方式之一。为了培养合格的空姐,各航空公司常常对准空姐进行紧急脱险模拟训练。

如东航上海总部曾进行过以下情景的训练:"镇定,没关系!镇定,没关系!"空乘人员不断大声安慰旅客。飞机上正燃烧着烈火,一百多名旅客发出惊呼,三名空姐帮助旅客一一穿上救生衣、脱鞋,收取旅客身上的尖锐物品。随后,她们迅速打开舱门,引导旅客走到出口,打开气垫,搀扶旅客逐一滑向地面,撤离客舱。

2. 地面清舱认真落实

地面工作的另一方面是要保证在旅客上机前,清除飞机中的任何外来人和外来物，这是预防各种人为突发事件的第一步，对于任何可疑人和可疑物都要在地面彻底处理，以防在空中发生各种意外事件，保证空防安全。

3. 注意观察上机旅客

一名优秀的空乘人员要善于在旅客上机时就观察每位旅客，对他们的一举一动都要留心和分析，从而对飞机上的重点服务对象做到心中有数。从旅客登机到入座甚至到最后下机，乘务员都要细心、耐心，在服务的同时更重要的是观察他们、了解他们，让他们在工作人员的"眼皮"下，享受高品质服务。如在某航班上，旅客刚刚落座，一位先生就问空乘人员："姑娘，一会儿有饭吃吗？"乘务员观察到该乘客不好意思的样子，就明白这名旅客可能是赶航班没有用晚餐。但此趟航班不在配餐时间段，为了不让旅客挨饿，乘务员善解人意地说："先生，我马上给您取一份来。"然后在最短的时间内把自己的机组餐送给了旅客。

4. 制止超大行李进客舱

国外的许多机场都有一套行之有效的管理措施制止超多超大行李进客舱，然而在国内的许多航班中，旅客携带超多超大行李登机却成了顽症，尤其是客座率高的热门航线，屡禁不止。许多旅客为了自己方便往往将行李拿进客舱并堆放在空座位或地板上，导致因飞机遇到强烈颠簸，行李飞起砸伤旅客或散落在过道上的事件时有发生。如果发生需紧急撤离的情况时，这些行李散落在过道上或是紧急出口处会带来很多隐患，一方面会给飞机起降配载数据带来错漏计算隐患，势必影响飞机的起降；另一方面对飞机遇到紧急迫降会带来极大威胁，紧急撤离时客舱准备工作最关键的是要将所有浮动物品固定好，紧急出口处和过道上不得有任何障碍物品。如果客舱里行李过多过大，易散落四处，放在座椅或地板上的行李在颠簸时易飞起砸伤附近的旅客。因此，乘务员在迎客时应该在行李上严格把关，对于带超大行李的乘客要及时劝说，协助其办理托运。乘务员应随时检查紧急出口和通道中是否堆积行李，绝对不能有任何松懈。

5. 妥善安排特殊旅客

对于什么样的旅客可以安排在紧急出口，什么样的旅客不可以安排在紧急出口，一个航班上最多有几名婴儿、几名轮椅旅客，甚至一排座位中只能安排几名婴儿、几名轮椅旅客，民航运输规则都有明文规定。所以，成批行动不便的老人、无人陪伴的儿童或小学生不应该被安排在同一航班上，更不能将他们中的一些人安排在紧急出口处，这些现象都是严重的安全隐患。要杜绝这种安全隐患就应该严格按照规定执行，每个细节都要防患于未然。

6. 卫生间的检控

乘务员每次清洁卫生间时，不仅要保持它的清洁，更重要的是要观察是否有吸烟现象，旅客中是否有浓烈的烟味，周围是否有烟头，因为这是引起客舱起火的原因之一。飞机是一个全密封性空间，四周都有氧气瓶，因此只要点燃火源就有着火的可能。乘务员只要发现有一点征兆就应该及时采取措施，一定要找到烟头并随时提醒旅客不要吸烟并阐述其严重性。因为如果旅客没有完全把烟头熄灭，如果我们不能及时发现旅客抽烟，等到烟雾报警器工作时可能就已经很被动了。

7. 谨慎检查和操作厨房设备

厨房是乘务员最应当细心的地方，那里电源多，设备多，柜子多，东西多，餐车多，各种因素都存在着安全隐患。厨房失火，电源跳闸，餐车冲出厨房，人员被砸伤等情况都曾经出现过。因此，每个乘务员无论是否是厨房乘务员，在进入厨房时都要用心地检查一遍厨房，简单的一个巡视就能杜绝很多隐患。不只在起飞降落时要关闭各种电源，扣好各个锁扣和柜子，要养成随拿东西随手扣好锁扣和柜子的习惯。在使用厨房设备时也要谨慎，严格按照各个设备的使用方法操作，绝不能偷懒图省事。

8. 格外小心餐车在客舱中的使用

餐车是在客舱服务的重要工具，也可能经常出现隐患，比如不留神撞伤和烫伤旅客等。因此在送餐饮时，每当餐车停下必须踩刹车，这是乘务员必须养成的职业习惯。当餐车在外时一定要有人看管，在推出餐车时一定要及时提醒旅客小心，注意观察是否有旅客身体在通道外，在送水时要时刻提防不要烫伤旅客。这些都是空乘人员需要时刻提醒自己的一个个细节。

9. 严格按照规定操作分离器

对于每个乘务员来说，分离器都是敏感的，需要十分细心。严格按照规定操作是最为安全的，其程序分几步：先严格按照口令进行操作，然后自查，最后互检。在外站停留时，舱门没有衔接物时也要注意挂上门栏警示绳，以防有人员损伤。

当然要预防客舱中的安全隐患要做的还不仅仅是这些,预防安全隐患需要乘务员从每个小细节做起,需要细心、耐心、责任心,需要心到、眼到、口到、手到。

二、急救常识

空乘人员需要熟练掌握一些常见病的救治方法。机上不同于地面,一旦有乘客身体不适,空乘人员必须能够迅速妥善处理。为了提高急救技能,乘务组人员要经常在一起探讨机上常见病的急救技巧,如心肌梗死应该怎么处理,脑出血怎么应对等。在平时训练时可选出一人模拟病人,以练习心脏按压、脉搏监控等。事实证明,许多在机上突然发病的乘客都在乘务组的及时救护下转危为安。

(一) 机上常见不适病症处置方法

1. 晕机

晕机和晕车、晕船等一样,医学上统称为运动病。晕机症状因人而异,有轻重之分,轻者表现为头痛,全身稍有不适,胸闷,脸色绯红;重者则脸色苍白发青,头痛心慌,表情淡漠,微汗;更严重的会出现浑身盗汗,眩晕恶心,呕吐不止等难以忍受的痛苦。造成晕机病的因素很多,飞机颠簸、起飞、爬高、下降、着陆、转弯、心情紧张、身体不适、过度疲劳等。一般身体健康者和有轻微晕机病的人坐现代化大型客机,都不会发生晕机。

救治方法:可以事先服用晕机药,降低中枢神经的敏感度;这类症状也可以靠自我训练去克服,例如增加搭机次数;乘机时在安全许可下定时做些肢体伸展运动,可以减轻和避免晕机。

(1) 一般的头痛,患者自己可用双手食指分别按压头部双侧太阳穴,压至胀痛并按顺时针方向按揉约 2~3 分钟,头痛便可减轻。

(2) 飞机飞行过程中机舱内的气压会因飞行高度变化而变化,此时旅客会感到耳堵、听力下降,耳膜发出"砰砰"的声音,或者有充胀的感觉。为了平衡压力,可以频繁吞咽、嚼口香糖或打呵欠。

(3) 如果上述两种方法不起作用,可使用"咽鼓管充气检查法"。

第一，捏紧鼻孔，吸一口气。使用两颊和咽喉的肌肉，把气体压入鼻子后部，就像把手指从鼻孔处吹掉一样。

第二，试着轻轻地吹，简短地连续做几次。当听到或感觉耳朵有"砰砰"声，就可以了。不要把气体压入肺部和腹腔（横膈膜），这会产生太强的压力。

（4）飞机下降过程中压力的变化会使婴儿特别不安。让他们叼着奶瓶或奶嘴会有所缓解。

📄 案例

对晕机严重的旅客进行急救

2004年春天，在一次北京—昆明的航班上，飞机刚刚滑出跑道，一名乘务员正在准备餐饮服务，急促的呼唤铃声打断了她的工作，她急忙走上前去，发现旅客中有一位先生表情痛苦、脸色苍白、头冒虚汗、嘴唇发紫、呼吸困难，见情况危急，乘务员当机立断先打开通风孔，调整座椅靠背，让旅客舒服地斜躺下来，随后广播通知找医生。可广播了几遍没有人回应，在找不到医护人员的情况下，乘务员来不及等待，根据自己多年的机上服务经验，开始进行急救：取应急氧气瓶、医护急救箱、供氧、观察起色……经过紧张的急救，在悉心的照顾下，这位旅客病情逐渐有了好转。

2. 胃痛

有乘客胃痛时，用双手拇指揉患者的双腿足三里穴（位于膝下三寸，胫骨外侧一横指处），待有酸麻胀感后持续3~5分钟，胃痛可明显减轻或消失。

📄 案例

照顾患胃病的乘客

在某洲际航班上，由于航班起飞时间较早，上飞机后一名男乘客在航程中的前几个小时一直不吃不喝在昏睡。时近中午，乘客醒来，出了一身虚汗。乘务员观察到这一情况后，主动递给乘客一杯水，轻声说："先生，供餐时看您睡着了，没打搅您，请先喝杯温水吧。您需要我帮忙做些什么吗？"该乘客向乘务员说自己胃酸分泌过剩的老毛病又犯了，乘务员立即回到厨房取来一杯茶和一个面包，并亲切地告诉该乘客："我以前也遇到过类似的情况，吃点东西就好了。"此后的整个航程中，乘务员一直密切关注该乘客，每过一段时间，就为他送上易消化的饼干、面包等小吃，并不时询问身体情况。该乘客深受感动，给乘务员写了表扬信。

3. 血压骤升

按压劳宫穴（握掌时中指尖抵掌处），可控制血压并使血压逐渐恢复正常。其方法为：用大拇指从劳宫穴开始按压，再逐个按压每个指尖，左右交替，按压时让患者保持心平气和，呼吸均匀。

4. 哮喘

用大拇指指端，在患者一侧鱼际穴处（手掌的大拇指根部）用力向下按压，并作左右方向按揉，3分钟可见效。南航某航班上就曾发生过乘客因哮喘高空昏迷危及生命的事情，在机组成员和乘客的共同努力和地面指挥的配合下终于转危为安。

5. 鼻出血

飞行中有人偶然发生鼻出血，可迅速掐捏足跟（踝关节与跟骨之间凹陷处）。左鼻孔出血掐捏右足跟，右鼻孔出血掐捏左足跟，便可止血。

6. 急腹症

症状：疼痛（普通性的或广泛性的）、恶心、呕吐、腹泻或便秘、腹部肿胀。

急救：让病人处于尽可能舒适的座位，如半卧位，使之保持呼吸道畅通；处理好呕吐物；如果病人呼吸浅或者呼吸困难，则给予吸氧。要禁食。为休克病人提供急救，禁止使用止痛药物。

7. 经济舱综合征

"经济舱综合征"是一种静脉炎，指乘坐飞机经济舱的乘客长时间坐在狭小的座位上不动，导致双下肢静脉血液回流减慢，血液淤滞，从而使下肢静脉血液发生凝固形成血栓。在下飞机活动后，血栓脱落，随血流经右心室到达肺动脉并在此形成栓塞，引起肺梗死，使肺脏血氧交换困难，引起呼吸困难、胸痛、咯血等。

头等舱、短程班机都可能患经济舱综合征。最容易患上"经济舱综合征"的是糖尿病、高血压患者以及体重过重和刚做过手术的人等。

要在飞行中尽量多活动，即使不便离开座位，也要尽量活动脚趾，让血液流通。飞行如果超过6小时，每隔40~50分钟起来活动一下，做深呼吸和简单的伸展操都可以；要多喝水和不含酒精的饮料，这样可以使血液畅通。

（二）客舱急救病症及案例

1. 心绞痛

心绞痛是一种由于冠状动脉供血不足而引起的短暂发作性胸骨后疼痛，通常多见于冠心病人。

症状：典型发作的心绞痛，每次历时数分钟。患者疼痛剧烈时，大汗淋漓，脸色青紫，情绪紧张，表现出焦虑面容。

处理方法：解开患者衣扣和腰带，立即调节座椅尽量放平使患者休息，如有条件立即让患者吸入亚硝酸异戊酯一支或舌下含速效硝酸甘油片一片；或者让患者吸氧，服镇静剂如安定、异山梨酯等。在一般情况下，经休息或舌下含硝酸甘油片后即可慢慢缓解。

当一时无法找到硝酸甘油片等药物缓解时，乘务员可用拇指甲掐患者中指甲根部，让其有明显痛感，亦可一压一放，持续3~5分钟，并与指挥部联系，紧急备降附近机场，急送医院。

📄 案例

对突发心脏疾病的旅客进行急救

一次北京飞往国外的国际航班上，一位先生慌忙跑到前服务间告诉乘务员：同行的老先生呼吸困难，有心脏病史，有可能是心脏病发作。不巧的是飞机上没有任何医护人员，乘务组立即对这位老先生进行急救：给他服用随身携带的急救药品，打开他衣领的扣子，帮助他吸氧。一番急救之后，老先生的情况渐渐好转，可乘务员依然不敢有丝毫的松懈，因为在飞机上吸氧对于其他旅客也是非常危险的，一旦此时有哪位旅客偷偷吸烟，后果将不堪设想！

由于是夜航，大部分旅客都休息了，客舱内灯光极为昏暗，其他乘务员仔细巡视着客舱，值班乘务员则抱着氧气瓶蹲在老先生身边，另一位乘务员则蹲在她身边帮忙扶着氧气面罩，她们不停地帮老先生擦拭着汗水。时间一点一点地过去，她们已经蹲了40分钟，双腿早已麻木，失去知觉。坐在旁边的一位阿姨看着她们如此辛苦，心疼地说："姑娘，你们坐会儿吧，都这么长时间了，腿都麻了吧。"坐在前面的一位先生接着说道："不然我帮你们抱会儿那个氧气瓶，你们歇歇吧。"听到旅客关心的话语，乘务员心里涌出一股暖流："没事的，我们能坚持得住。"

在飞机到达目的地前20分钟，乘务组向旅客还礼鞠躬，感谢旅客们对本次航班病危旅客的关心以及对航空公司的支持。正在吸第三瓶氧气的老先生缓缓地坐了起来，拿掉氧气面罩，握着值班乘务员的手激动地说："谢谢，谢谢你们！"眼睛里闪动着晶莹的泪光……

（资料来源：中国民航网）

2. 晕厥

劳累、疲劳、中暑、饥饿等原因所致晕厥，可令病人突然昏倒，不省人事。

<u>症状</u>：面色苍白，大汗淋漓，病情紧急。

<u>处理方法</u>：用拇指捏压患者的合谷穴（虎口中）持续2~3分钟，可望苏醒。

3. 脑出血

脑出血是指颅内血管破裂出血。

<u>症状</u>：本病多见于高血压、动脉硬化患者，40岁以上中老年人多发。发病前可伴有头痛、头昏、眩晕、肢体麻木、无力等前驱症状。常在用力或情绪激动的情况下突然发病；发病时患者常感剧烈头痛、呕吐，随即意识丧失，颜面潮红，鼾声呼吸，血压上升，脉搏慢而有力，常有尿失禁，可有一侧的面肌和舌肌瘫痪及偏瘫，也有双侧瘫痪的。

<u>处理方法</u>：让患者保持安静，避免搬动，取头高足低卧位，头转向一侧，以防口腔内的分泌物及舌后退阻塞呼吸道。必要时可吸氧，可给降压药和止血药等。广播请乘客中的医师参加抢救并向地面报告，做好急救准备。

4. 急性心肌梗死

急性心肌梗死是由于冠状动脉急性闭塞，使部分心肌因严重持久缺血而发生的局部坏死。绝大部分是由于冠状动脉粥样硬化引起。

<u>症状</u>：突然发生的胸骨后或心前区剧痛，并向左臂放射，疼痛持续30分

钟以上，大汗淋漓、恶心、呕吐、腹胀、面色苍白或发绀、脉搏弱而快、血压下降、呼吸困难。经休息或舌下含服硝酸甘油片无效。表现为烦躁不安，痛苦面容。

<u>处理方法</u>：保持绝对安静、平卧、禁止搬动，立即吸氧并吸入亚硝酸异戊酯一支，并给镇静、止痛药，最好肌肉注射哌替啶 50 毫克/次或吗啡 5~10 毫克/次。广播请乘客中的医师参加抢救工作并立即通知到达站做好急救工作。

案例

抢救突发心血管疾病的旅客

2005 年 9 月 10 日是首个"世界急救日"。当天，某航班上发生了焦心而又感人的一幕，一名 30 多岁的女乘客突然发病，空中乘务员利用所学的急救知识，将这名患者一路抢救直至飞机备降在深圳机场，平安地转入医院。据当班乘务长介绍大约起飞有 15 分钟时，机上有一名女乘客出现四肢麻木及缺氧症状，机上乘务员一边广播寻找医生援助，一边组织乘务员利用平常所学急救方法对患者实施现场急救。经向机长报告，考虑到患者病情严重——尽管呼吸正常，但心脏依然有供氧不足的症状，并且在飞机上已使用了 6 瓶氧气，飞机只好在深圳机场备降。在四名同行者陪同下，该乘客由医院急救车接到当地医院进一步救治。

（资料来源：《海南经济报》）

5. 支气管哮喘急性发作

<u>病因</u>：可询问病史，患者多有反复发作史或致敏原接触史。

化学纤维的涤纶、维棉、腈纶、鸭绒滑雪衫或动物毛皮制成的衣服都可能会引起哮喘，毛毯或地毯有可能也是致病原因。

<u>症状</u>：

（1）呼吸困难：出现胸闷、胸部紧迫甚至窒息感，胸部似被重石所压，10~15 分钟后出现呼吸困难，并带有哮鸣音。病人被迫端坐，不能平卧，头向前俯，两肩耸起，两手撑膝，用力喘气。发作可持续几十分钟到数小时，自行或治疗后缓解。

（2）咳嗽、咳痰：先兆期因支气管黏膜过敏而引起咳嗽。一般为干性无痰咳嗽，程度不等。至发作期咳嗽减轻，以喘息为主。待发作接近尾声时，支气管痉挛及黏膜水肿减轻，大量分泌物得以排出，而咳嗽、咳痰症状加重，咳出较多稀薄痰液或黏液性痰栓。若合并感染时，可咳出脓性痰。少数病人只表现为咳嗽。

（3）其他：支气管哮喘发作较严重、时间较久者，可伴有胸痛。部分病人也可有呕吐甚至大小便失禁。当呈重度持续发作时，有头痛、头昏、焦虑和病态行为以及神志模糊、嗜睡和昏迷等精神神经症状。若合并感染，则可有发热。发作过后多有疲乏、无力等全身症状。

处理方法：

（1）给患者吸入湿化氧气，以纠正缺氧，使痰液变稀薄。

（2）如用气雾剂则起效较快，按压气雾剂阀门2次吸入，往往在吸入后2~5分钟内即可起效。

（3）广播找医生，如呼吸困难，可行气管插管或切开术。

（4）让患者休息，消除紧张恐惧心理。

（5）针刺患者穴位，刺定喘、憎中、内关、神门等。

（6）如患者出现呼吸停止，应立即进行人工呼吸。

6. 呼吸系统疾病

呼吸系统疾病是人们所熟悉的病种之一，诸如感冒、咳嗽、支气管炎、支气管哮喘等多为常见病和多发病。呼吸系统疾病发生在人体呼吸道（包括咽喉、气管、支气管和肺部），以咳、痰、喘、炎为其共同特点。

症状：费力呼吸，经常带有迟缓的喘息吸气声。

处理方法：用现有专用药物帮助病人。可以供氧，并且有必要长时间连续供氧。

📄 案例

照顾有呼吸系统疾病的旅客

在一次航班上，乘务员尚文（化名）在向旅客问早安时，迎来了一位患呼吸系统疾病的维吾尔族老人，由她的儿女陪同，医疗证明齐全，所携带的氧气袋符合飞行规定，因为旅客人数很少，尚文让他们坐在了头等舱，老人一直在艰难地呼吸，微肿的双手左右拉着儿女，儿女那充满担忧和爱的目光始终未离开过老人。起飞后，尚文轻轻走到老人身边，蹲下来观察她的状况，随着她的一吸一呼而揪心，同时又被她儿女的孝心深深感动，尚文也握住老人的手，让她的女儿当翻译，告诉老人要放松，空中和地面是一样的，都可以自由呼吸，不必紧张。老人轻轻地点着头，就这样乘务员守在她身边一路，也鼓励了她一路。当老人顺利下机时，她的女儿用不流利的汉语对尚文说："谢谢你！"，眼睛里满含着感激的泪水。

（资料来源：民航资源网）

（三）其他外伤病人

由于伤口未愈合，在高空封闭、缺少水分的情况下，乘务员应亲切询问患者的需求，留心关注这部分乘客伤口是否渗血，及时为他们提供药品、准备消毒毛巾、冰块，提供喝水吸管等。

📄 案例

贴心照顾烧伤的旅客

某航班乘务员迎客时，发现一名脸上缠着绷带严重烧伤的特殊旅客，一同登机的旅客都被那张烧伤的脸吓得躲出很远。乘务员一边热情、自然地向他问候，一边为他安排了一个较安静的座位。提供饮料时，乘务员首先将一瓶矿泉水拧开盖，并细心地插上了一根吸管递给了这位旅客，因为他那缠着绷带的嘴已无法像正常人那样喝水。他充满感激又略带吃惊地抬头看了乘务员一眼，轻声说了句"谢谢"。由于客舱内很干燥，这名旅客尚未痊愈的伤口开始干裂向外渗血，他那痛苦的表情很快就被一直留意他的乘务员发现，在得知他随身未带任何药物时，乘务员将干净的小毛巾在沸水中煮了消毒，放凉后再送到旅客的手中……

（资料来源：民航资源网）

模块二　空中服务特殊沟通技巧训练

空乘人员除了要有渊博的知识、诚恳的服务态度、专业的服务技能,还要掌握一些特殊情况下的沟通技巧。

一、用爱心和智慧去扮演旅客所需要的角色

身为乘务员,有时需要扮演各种各类的角色,老人的子女、孩子们的叔叔阿姨、同龄人的兄弟姊妹、乘客的心理医生、患者的急救医生、客舱安全员等,而这一切都需要用爱心和智慧去努力扮演。

(一)架起乘客间沟通的桥梁

📄 **案例**

乘务员帮忙化解亲人旅客间的小情绪

某航班上,有两位老人,一位五六十岁的老大爷,一位七八十岁的老奶奶,他们的脸上挂着不悦的表情,没坐在一排。坐在前排的老大爷虽然气鼓鼓的,但仍不时地用关切的眼神望着老奶奶。乘务员主动上前到老大爷身旁,蹲下与他交谈。老大爷小声说,那位老奶奶是他的老母亲,快九十岁了。他刚离休,想把老母亲接到自己家养老,不想路上因一点小事与母亲拌了嘴,互相不说话了。了解了这一切,乘务员对老大爷说:"大爷,您放心吧,老奶奶就交给我照顾吧。"乘务员为老奶奶盖上了毛毯并说:"老奶奶,您的儿子怕您冷,让我给您盖上。"老奶奶愣了一下,笑了笑。乘务员又为老奶奶送上了一杯白开水,说:"老奶奶,您儿子怕您喝不惯那些甜酸的饮料,让我给您拿杯白开水来。""老奶奶,这是您的儿子为您特订的素食餐,味道好吗?"……一路上乘务员忙完正常的服务就去照顾老奶奶,老奶奶也渐渐地高兴起来,说:"姑娘,你咋对奶奶这么好呢?"乘务员说:"老奶奶,您啊,有一位孝顺的儿子,

是他让我来专门照顾您的,您真有福气,多让人羡慕啊。"飞机还没到达,老大爷已经坐到母亲身旁了,看到他们有说有笑的样子,乘务员由衷地祝福两位老人能健康长寿。

(资料来源:民航资源网)

分析: 在这种情况下,乘务员应是一名调节员,耐心传递爱的信息,有效地架起乘客之间沟通的桥梁。

📄 案例

关爱老年乘客　帮忙调换舱位

某航班登机时,一对八旬的老夫妇互相推让着一张头等舱的登机牌,最后那位年迈的老太太坐到了头等舱,她的老伴坐在离他很远的 38 排的普通舱的座位。她始终坐立不安,不时回头张望……乘务员细心地发现了这一情景,同时凭借经验也猜出了大概原委,她马上思忖着该如何恰当地为他们调整座位,可当天的航班是满座——没有一个空位。

沟通中老太太说:"这次我们出国是看望女儿,老伴儿答应过要让我坐一次头等舱,今天愿望实现了,可是他也需要我的照顾,现在却坐得太远了,这么长的时间想说说话都不方便……"乘务员听后安慰老人说:"阿姨!不用担心,我帮您想想办法,另外,如果您相信我,想说什么告诉我,我也可以帮您转达。"然后,又关切地询问了老人头上的瘀青——那是前一天老太太不小心摔的;"阿姨,您先休息一会儿吧,您的老伴儿把头等舱座位让给您坐,就是关心您的身体,想要您好好休息,别让他失望哦!"老人的目光中流露出了信任和感激,"姑娘,我喜欢看你笑,很真诚!我坐飞机害怕,可是看着你们我心里很踏实。"

乘务员尝试着与普通舱第一排的客人进行了沟通,看他们能否同意换一下座位,因为这样可以让乘务员离老人近一些,便于沟通和照顾,但却被回绝了。乘务员由此又当上了义务通信员,航班中为两位老人传递着信息。"老先生,刚才您的太太吃的是面条,比较软也好消化;她现在睡得很好,我扶她去了几次洗手间;您放心吧……"尽管如此,航班中两位老人还是迈着蹒跚的步伐相互探望,乘务员心里很难过,为什么今天是满客,一个小小的客舱将两位老人分开了，也许对于八旬老人来说十几个小时的分离太漫长了……此时，带班乘务长越来越觉得让两位老人在机上感到寂寞和遗憾是自己服务工作没做到位，她决定再次尝试一下与其他乘客沟通。她的耐心和诚恳终于赢得了乘客的理解，头等舱的李小姐让老先生坐到自己的座位上，自己却坐到了普通舱，她说："乘务员，我想帮你达成帮助老人的心愿。老人家的恩爱让我感动！你们的行为更让我激动和敬佩！"

（资料来源：民航资源网）

分析：在这种情况下，乘务员应是一名联络员，认真热情地负责为他们传递信息，同时要抓住机会，尽量使他们坐在一起，这样既满足了乘客的愿望，同时自己也能够处理别的事情，为其他乘客服务。

（二）努力成为乘客的心理调节师

📄 案例

关注旅客心理和情绪

某航班上，乘务员发现一位女乘客登机后一直低头不语，神情紧张。当她过去询问时，这名女子突然大哭，并不断催促"飞机飞得快一点"。原来这名女子的丈夫刚刚出了车祸，生死未卜，心情焦急的她情绪有些失控，反复强调再晚一点"最后一面也见不到了"。为了照顾这名女子，乘务员帮她换到了靠近空乘人员工作间的座位上，然后，乘务组成员轮流陪她聊天，乘务长每隔一段时间就帮助该女子测量一次心跳，随时监控，防止发生危险。在空乘人员的劝慰下，这名女子的情绪逐渐平静下来，后半段旅程还在乘务员的照顾下，安静地睡了一觉。事后，这名女子专门打电话表示感谢，同时也带来一个让乘务组兴奋的消息，她的丈夫已经脱离危险，正在康复中。

分析：遇到情绪失控的乘客，乘务员应是心理调节员，了解乘客心理然后加以疏导，同时乘务组还要分工配合，防止意外事情发生。

二、特殊情况下的沟通技巧训练

（一）回答问题技巧

旅客来自不同的地方，有着不同的兴趣爱好，提出的问题也是五花八门，是否掌握一定的回答问题的技巧，也就成为衡量乘务人员沟通能力高低的一个标准。空乘人员在回答问题时，对于原则性问题要是非分明，比如在回答一些涉及民族尊严、国家形象的问题时，一定要坚持原则，给予明确的回答。对于客人提出的比较刁钻的问题，可采取"曲线回避"的方法，比如可采用反问的方式，把问题退回给对方。

（二）乘客之间发生纠纷的调节技巧

1. 及时地为旅客传递各种信息，把服务做在旅客开口之前

及时是一种明察秋毫的能力，及时地发现旅客的细小变化，用心体贴，善解人意，急旅客之所急，想旅客之所想，甚至在旅客本人还未明确地意识到他所需要的服务时，服务便来到了他身边，与旅客求得心灵上的沟通，带给旅客一种满意和温馨的感受。

> **案例**
>
> **旅客呕吐到前排乘客身上时的妥善处理**
>
> 某航班上，一名微有醉意的旅客引起了乘务员的注意。当飞机途经山地峡谷上空时，由于气流的原因飞机突然颠簸，该旅客当即感到恶心难受，一口秽物就吐到了前排旅客身上。乘务员来不及细想，立即上前把杂物袋撕开递给旅客，并关切地问他怎么样，随后一边向前排旅客道歉，一边迅速找来干净的湿毛巾为其擦拭。前排旅客本来十分恼火，但看到乘务员的举动，他感动地说："你对旅客这么好，我还有什么可说的呢？"
>
> （资料来源：民航资源网）

分析： 遇到有乘客因晕机等原因发生呕吐时，乘务员一定要及时把毛巾递到乘客手中。必要时，可以视具体情况考虑是否替乘客擦拭。

2. 有效调节乘客间的矛盾

案例

调节乘客间的矛盾时不能出现偏袒

某航班中转登机时,两位中转地上来的乘客要按照登机牌上的座位号就座,而位置已被先上的两位乘客坐了,双方互不相让,吵了起来。乘务长上前问道:"我是本次航班的乘务长,有什么问题我能帮忙的?"了解情况后她耐心地向那两位后上的乘客解释,按照民航有关规定,中转站的乘客是不按位置坐的,见空位即可坐;同时善意地提醒那两位乘客,不要因为这点小事耽误了大家的旅程。大概是这句话无意中激起了那两位乘客早已就有的对本次航班延误的不满情绪,他们的声音一下子提高了八度,变得气势汹汹:"明明是你们的飞机延误了1个多小时,没和你们算账,现在倒还怪起我们耽误时间来了!今天这位子老子是坐定了……"周围还有不少人应和。

(资料来源:民航资源网)

分析:调解纠纷时要本着尊重的原则,对双方一视同仁,不能偏袒其中任何一方。同时要注意语言的委婉,先对出现这种情况表示歉意以平息双方怒火,然后再商量解决的办法。比如,乘务长这样做就可以化解这场争座纠纷:了解情况后先对给乘客带来的不便表示歉意;然后耐心地向那两位后上的乘客解释:按照民航有关规定,中转站的乘客是不按位置号坐的,有空位子均可就座;最后询问后来乘客是否可以给他们安排到更方便的座位上。

3. 巧用幽默调节乘客之间发生的纠纷

案例

用幽默调节英日旅客间的小冲突

某国际航班上,乘务组解决了一个发生在日本与英国旅客间的"小冲突"。该航班头等舱28个座位,坐了25位旅客。飞机起飞大约30分钟后,坐在2排A座位的日本籍客人想从座位上起身出来。谁知一不小心,撞翻了小桌板上的饮料。桌上的茶水、啤酒一股脑全洒在了他旁边英国旅客的裤子上,一条裤腿全湿了。

这位英国旅客大概准备去参加一个重要的邀请会，身着正式的西装衬衣和西裤。一看这情景，他一下子急了，日本客人连忙道歉，然而两人一个用英语，一个用日语，根本没法沟通，英国客人非常生气。这时，头等舱乘务员忙上前来缓解旅客的情绪。同时，她们轮换着为英国旅客擦拭着裤腿上的水迹。到飞机快要降落时，英国旅客的裤腿经过反复擦拭，渐渐干了，可是他一直闷闷不乐，不吃不喝，也不说话。

这时，主任乘务长从挂衣间里拿出英国客人上飞机时穿的上身西装，半认真半开玩笑地对他说："Excuse me, sir. This is a Dry Suit."（打扰一下，先生，这是件"干式潜水衣"。——此处一语双关，既可指这件衣服是干的，也可以专指"干式潜水衣"，所以才会产生幽默效果。）为湿裤腿烦恼了一路的英国客人，听到这话，终于忍不住笑了，他热情地拥抱了乘务长，那位日本客人也感激地握住了乘务长的手。

（资料来源：民航资源网）

（三）拒绝技巧

遇到这样的事情如何处理呢？如一次航班起飞前，一位男性旅客一直在打手机，乘务员反复劝说，但旅客还是不停地拨打，还扬言要投诉她。再如，飞机下降的时候卫生间是不能用的，但有的旅客就是要用，否则他就投诉……空乘人员常常要忍住委屈做好解释工作。其实，拒绝是有一些技巧的。

对于乘客提出的无理要求，乘务员要采用一定的拒绝技巧，做到措辞得当、态度诚恳且掌握一定的分寸，既回绝乘客的要求，又不要让客人处于尴尬的境地。

1. 真诚致歉

遭人拒绝是一件令人尴尬的事，因此乘务员拒绝乘客某些不合理要求时态度一定要真诚，即使要求不合理也要委婉地说："真的很抱歉，没能帮上您的忙，还请您原谅。"这样乘客会比较容易接受。如有个别乘客很喜欢飞机上的小毛毯或小碗，但航空公司规定这些东西是必须清点回收的，注意要耐心解释航空公司的规章制度，运用语言技巧进行拒绝虽然必不可少。但不要因为乘客不知情而流露出对乘客的责备语气。

2. 婉言回绝

用委婉的方式从侧面拒绝或用模糊语言回避对方的锋芒。如在飞机上乘务员手中正拿着饮料，某乘客要求撤走空杯子，乘务员说："请您帮助递过来好吗？"该乘客十分不满，脱口而出："我递杯子，用你干吗？"乘务员装作未听清，面带微笑问道："先生，您需要我做什么？"该乘客的同伴连忙把杯子递过来，一场矛盾无形中化解。

3. 化解不满

旅客对于乘机感受的优劣评定往往是通过参照比较，然后得出一个较主观的结论，而他们的参照多为曾经有过的乘机经历。而机型及客舱里的硬件设施是最易成为旅客先入为主的评定因素。如乘客对飞机设施不满发牢骚，乘务员可先感谢对方对民航工作的支持与关注，表示一定及时把该乘客的意见反馈给公司以便及时改进。如关于机型老旧的话题，乘务员可以这样来进行比较："俗话说，老骥伏枥，志在千里。我们的飞机不管有多老，可都是安全操纵、日行几万里呢！"这样的沟通，直接回答了旅客还未明说出来的担忧，一般也会取得比较好的效果。如果乘务员在沟通中能够巧用比较，借题发挥，不仅能转移乘客的注意力，可能还会有出其不意的效果。

📄 案例

用幽默化解乘客的不满情绪

某旅客登机后，看了看飞机的座位、内饰，立刻大声说道："这飞机可真老啊！"站在一旁的乘务员回应道："先生，飞机是不会老的，只有乘务员才会老啊！"当时乘务长正好在清点人数，站在乘务员身后，接口说道："乘务员也不会老，乘务长才会老的"。旅客听后，再转头一看，立刻哈哈大笑起来，注意力也随之转移了。

（资料来源：民航教育网）

（四）说服人的技巧

1. 对航班中不文明行为的说服

说服不是件容易的事情，将会遇到种种有形、无形的抗拒，要说服有效更加困难。这不仅要求说服者的人品令人信服,而且要以对方关心的事为话题,符合对方的理解思路。一般来说应从赞赏和鼓励开始,给对方留有面子,让对方能够理解你的难处和航空公司的规定,要使说话的气氛保持融洽。如果处理不好,就有可能引起冲突,从而影响航空公司的形象。

案例

回收餐具发现少了时的处理技巧

某航班收餐的时候,一位老奶奶给的餐盘中少了一个碗,因为是精品航线,所以是发托盘餐,餐具精致小巧,让许多客人爱不释手,很多旅客都想把它带走,而航空公司规定所有餐盘要按数回收。看到这种情况,乘务员猜想应该是老奶奶将其收起来了,便微笑着俯身跟她说:"奶奶,您这个盘里还少了一个碗,您再帮我找一下好吗?"看见老奶奶很不舍,乘务员又接着说:"奶奶,不着急,您什么时候找到了,交还给我们就行了。"随后乘务员继续去收其他旅客的餐具。巡舱的时候,看老奶奶没有反应,乘务员又走到她身边,蹲下来跟她说:"奶奶,那个碗您找到了吗?"老奶奶将头靠近乘务员,小声地说:"我很喜欢那个碗,你就送给我吧,小姑娘,我带回去给我孙子玩。"听到这儿,乘务员微笑着告诉她:"奶奶,我非常想送给您,可这套餐具不是一次性的,回收消毒后还要重复使用。"老奶奶见说不动,又哀求着:"那上次坐飞机,她们都送给我了,你就送我一个吧!"看着老奶奶这样,乘务员想到或许客舱里还有其他的礼品可以送给这位老奶奶。于是,经过乘务长同意,乘务员将印有航空公司标志的圆珠笔送给了老奶奶。尽管是不一样的礼物,但老奶奶也很开心,连声说谢谢。

(资料来源:民航资源网)

案例

因回收餐具乘务员与乘客产生冲突

在某公司航班上出现乘务员和旅客对打的事件。事情经过大致是这样的:乘务员在回收餐盘时,旅客将部分精致的小餐盒装进了包里不愿交给乘务员。按照规定,这类餐盒是要回收的。一来,餐盒的再利用有利于环境保护;二来可以减少成本。回收餐盒是合情合理的,对于一个现代文明人来说理解这样的事是很容易的。可是，该旅客不愿将餐盘交给乘务员。由于他身在一个旅游团中，团里的其他游客更是鼓动他不要配合乘务员工作，于是他不仅不拿出餐盒，还出口伤人。当事乘务员是一个刚参加工作一年的新人，经不住旅客的情绪影响，用语言还击了旅客，最后旅客先动了手，乘务员进行了肢体还击。事故发生后，虽然机长和乘务长进行了妥善的处理，该乘务员也受到了相应的处分，但是对航空公司造成的影响已经无法挽回了。

（资料来源：民航资源网）

2. 对违规乘客的说服技巧

（1）旅客违反安全规定要制止，但要注意方法，尽量避免矛盾激化，矛盾激化了只会造成更多的冲突。

如按照航空公司的规定，不允许私自穿救生衣。可有的乘客在乘务员演示时非常好奇地把救生衣拿出来了，这时候乘务员要立即进行制止和说服教育，说明利害关系。可先从乘客的角度入手："这位乘客，您好！我很理解您对飞机非常好奇的感觉。这种救生衣是一次性用品，您打开后这件救生衣就报废了，万一飞机遇到危急情况时您和他人的生命就得不到保证了。"

（2）处理手段应视旅客行为带来的后果（是否危及飞行）及旅客行为的性质（无意或有意）而定。

乘务员在迎客时应注意观察，及时制止旅客的不当行为。比如，如果旅客已经将机上设备拿下来放了自己的行李，乘务员应巧妙地询问行李的主人是谁。然后帮他（她）找一个妥善的位置安排，最后再礼貌地向他解释此位置是用于存放应急设备的，希望旅客能够理解配合。在处理事情上应顾全大局，把握好"度"。在自己能力范围内可以解决的，可事后向机长汇报，以免干扰机长的正常工作，避免因处置过度而造成航班的延误。

📄 案例

用耐心的态度和适当的技巧解决与乘客的冲突

在空中飞行的时间久了，遇到的事情自然也就比较多，难免与乘客发生一些冲突，而其中有一些确实是乘务员无可奈何的。

例如一位先生上机后把大行李放在过道挡住了其他旅客的路，乘务员会请他抓紧放好行李让开通道，方便其他旅客。可这位先生会理直气壮地说："你来把我的行李放上去。"再看这件行李体积早就超过了上机的标准，应该托运。设想一下乘务员在飞机上负责50名经济舱的旅客，对于安放行李乘务员不可能一对一服务。对于老弱病残，不用说乘务员也会帮助的，但对于一些无理取闹的人，乘务员会选择妥协，毕竟，乘务员的工作要求必须对所有乘客负责。这时候，就需要乘务员调整自己的心态，在不扰乱机舱秩序的前提下得到乘客的配合。

如果飞机上旅客不多，地面人员会把乘客的座位安排在客舱中部，因为飞机有配载图，对配载平衡有所要求。但有些旅客不了解，看到前面有很多空座位，就有可能坐过来。这时乘务员要根据机长的要求向旅客解释，让他们先坐回原位，待飞机起飞后再换座位。大部分旅客会很配合，个别人会一副什么都懂的样子和乘务员理论，给他讲道理，他无话可说了就会凶巴巴地说："你别说话了，要不是看你是女孩就对你不客气了，把机长叫出来。"遇到这种情况，机长也会很理解乘务员，一边会很客气地和乘客解释，一边会和乘客说清这里面存在的飞行安全问题。一般情况下，乘客是不会拿自己的安危开玩笑的，事情也就能顺利解决了。

总之，态度是解决冲突的前提条件，不管遇到的乘客多么无理、多么不配合，只要乘务员的态度端正，多数乘客还是会选择接受的；其次是技巧，毕竟出门在外安全是第一标准，任何有关乘客安危的事情，乘客是会做出正确判断并积极配合的。

（资料来源：民航资源网）

（五）处理飞机延误技巧

飞机延误时乘客情绪普遍烦躁，乘务员要用加倍周到的服务来缓解旅客的烦躁和焦虑，同时，要在解释时阐明航空公司是以安全为根本的，以求得乘客的理解和支持。

📄 **案例**

飞机因天气原因延误时耐心安抚乘客

某北京—太原航班当旅客坐上飞机后，却突然接到通知，说太原机场下大雪，航班不能起飞。无奈，大家只能在飞机上等，等着太原天气快点好起来。这一等就是两个多小时，旅客们坐不住了："怎么还不起飞？""天气这么好，哪里有雪啊！""别的飞机都走了，就我们的还不走，你们在骗人！"……旅客们的情绪越来越激动，声调越来越高，整个机舱简直炸开了锅。

　　乘务员心里也急，但这时候安抚旅客是最重要的工作。乘务员保持着微笑，一边为旅客添加茶水，一边耐心、细致地向旅客解释：虽然北京天气不错，但太原机场有大雪，飞机降落时会发生危险，航空公司是为了保证旅客的安全，才不放行的。"别着急，请大家再耐心等待一段时间。"乘务员擦擦额头上的汗珠，又给身边的客人递上一杯水。

　　终于，飞机飞上了蓝天，旅客的心情逐渐平静下来。乘务员通过机上广播向大家表达了因为天气原因而造成出行不便的歉意，在为旅客提供服务时，更是加倍细心。乘务员还通过机长为需要转机的旅客联系落地后办理手续的事宜，尽量减少旅客的损失。当旅客平安到达太原机场走下飞机时，大家都对乘务员的服务称赞有加，特别是一些先前情绪过于激动的客人，也主动向乘务员表示了歉意。

（资料来源：民航资源网）

（六）对特殊病人的沟通技巧

　　一些特殊案例往往都发生在长航线途中。因为和乘客相处的时间比较长的缘故，乘务人员更需要多观察、多沟通。特别针对一些病人，空乘人员的沟通一定要讲究技巧，多给予关心和鼓励。比如有经验的老乘务员往往用"不用担心，我们会像医护人员一样照顾您"来安慰受伤或者生病的乘客。

📄 案例

耐心照顾腿部受伤的旅客

　　在飞往伦敦的某航班上，飞机刚刚起飞两小时左右，乘务员在第一餐送完巡视后舱时发现一位旅客眼睛一直闭着，直觉让她在这位旅客的身边多驻足了几秒钟，这时他的同伴——一位英国女士开口了："他的脚不舒服，能不能垫高一些？""当然可以！"于是乘务员拿来了好几个空座位上的枕头，又告诉他如果需要帮助随时可以叫她。

由于是白天飞行，4小时后乘务员又送了第二餐。工作习惯会使乘务员特别关注航班上的特殊旅客，当再次询问这位旅客时，同行的那位女士说道："他的腿发炎了，现在还发烧呢。"原来由于客舱光线比较暗又加上白种人汗毛比较重的缘故，他腿上的伤口完全被遮住了，没有人注意，都认为是一般的撞伤罢了。那位女客人写了一个她需要的药名给乘务员，希望能通过广播询问客舱中有没有医生携带了这种药。仔细询问之下乘务员才了解原来那位受伤的客人是在泰国旅游时被海蛇咬伤的，他曾在当地医治过，没想到在飞机上旧伤复发。

这时乘务长闻讯赶来，了解情况后，安慰客人说："不要担心，我们会像医护人员一样照顾你的。"看了伤口后，经验和直觉告诉她这位旅客的伤口有炎症，导致了低烧不退，于是她询问旅客是否有自备药品，得知没有后，她向旅客介绍飞机上有消炎药和止疼药，可能对他会有帮助，两位英国旅客听说后特别高兴。于是乘务组立刻分工，很快取来了药、棉花、纱布、水以及体温计等，一位乘务员蹲在旅客的身旁，在另两位乘务员的协助下，细心地为那位腿伤旅客用盐水对伤口进行消毒清洗和包扎，并让他服了药。这时，乘客中的一位医生很热心地前来询问，通过乘务长的翻译，这位医生在旁边做了些指导。忙完这一切，乘务员蹲得腿都麻木了，但看到这位旅客不再为疼痛而抽搐，挂满汗水的脸上露出了会心的笑容。两位英国旅客不停地说着："谢谢！谢谢你们！你们辛苦了！"不多久客人就睡着了，乘务员们也开始了新一轮值班，她们坚持每隔一小时为病人测量一次体温，不断用冰冷敷，但是可能由于伤口发炎太严重的缘故，病人的体温很难降下来，他要求再吃止疼药，乘务员一边安慰他，一边帮他冷敷，并且严格遵医嘱要在4小时以后再为他提供第二次药。落地前，乘务员为他们准备好了轮椅并且通知办事处需要有医生接待。当两位乘务员把客人扶下飞机时，两位旅客说了很多感谢的话，乘务员们则微笑着祝病人早日康复。

（资料来源：中国民航网）

📄 案例

照顾可能因传染病发烧的乘客

  2003年"非典"初期的某航班上,一位中年男乘客不住地剧烈咳嗽。一位乘务员将体温计和口罩给他送去,并询问他的病情,这位旅客说自己发烧,还有腹泻。这位乘务员不但没有远远地避开,反而独自承担起照顾他的责任。她说:"当时那种情况,反正我也与他近距离接触过了,就别再让其他同事冒险了。不过,我的同事们都以最快的速度将附近的旅客全部疏散,并将航班配发的口罩全部发给旅客,还给那名患者安排了专门的卫生间。"由于他们的耐心解释和安慰,飞机上没有发生任何骚动,旅客们很快就都安静地睡了。

  那名旅客的体温越来越高,该乘务员忙碌了几乎整整一夜。令乘务员感动的是,那名旅客为了减少传染的概率,一直没有说话,有什么要求,就用笔写出来,并一再示意乘务员不要离他太近,而乘务员则笑着告诉他:"您已经戴了口罩,可以跟我讲话,没关系。"

  当人们问该乘务员为什么要这样说,她回答:"当时这位旅客心里一定特别紧张,也特别难受,如果我再表现出害怕和躲避,他会更难受的。"飞机降落前,那名旅客特意给乘务员写了一封短信:"……你照顾了我整整一程,给你添麻烦了,非常感谢你!"

(资料来源:《中国民航报》)

(七)对待飞机突发事件的沟通技巧

  飞机上有时还会发生由于疾病和其他原因造成的飞机延误,需要乘务组成员根据实际情况按照民航规定做出相应处理。

  由于乘客原因引起的突发事件,要了解事件的性质,尽量说服教育,在说服教育无效的情况下,以民航安全为首要原则。如旅客登机后中途下机或者办理了行李托运后没有登机,这些情况都要重新进行清舱检查,尽管每次清舱检查都会造成航班的延误,耽误其他旅客的行程,但宁愿延误也要保证乘客的生命财产安全。

📄 案例

旅客因严重恐高症而要求下机　导致航班延误

某航班上,一名旅客因为患严重的恐高症,在飞机起飞前放弃乘机。出于安全的考虑,为防止该旅客故意将危险品遗留在飞机上,整架飞机百余乘客全部下飞机重新过安检再登机,同时飞机客舱和货舱都被仔细清查,货舱的全部货物也被卸下去重新安检。

上午8点左右,旅客正在登机,这时上来3名青年男子,坐在12排,其中一名男子神情紧张,脸色苍白,两手不停地微微颤抖。乘务员发现这一情况后,忙过来关切地询问该男子是否身体不舒服。这时青年男子的同伴介绍说他有恐高症,害怕乘坐飞机。乘务员让他坐在靠走廊座位上,告诉他不要看窗外,深呼吸放松心情,系好安全带坐稳即可。劝说了几分钟后,该男子终于平静下来。8点10分飞机关闭舱门,准备滑上跑道起飞,就在这时该男子突然情绪失控,异常紧张地站起来朝客舱后部跑去,嘴里惊慌地嚷着:"不行了,不行了,我头痛,很害怕……"空警赶忙制止他,劝他回到座位,此时他的同伴也来拉他坐回原位,但他无法自制,强烈要求下飞机。乘务长得知情况也赶来劝说该男子保持冷静,并鼓励他战胜自己的恐惧心理,但该名旅客精神已经崩溃了,带着哭腔说他实在不敢乘机了,一定要下飞机。乘务长告诉他一旦中途下飞机,按照民航安全规定,为了排除其遗留危险物品在航班上的可能,全部旅客都要重新下飞机再次接受安全检查,飞机客舱和货舱也都要经过安全检查,整个航班将延误近1个小时。该男子听后非常难过,不停地用拳头捶打自己的脑袋,哭着说他也不想因此影响了大家乘机,这样他非常过意不去,但他实在对飞上天感到恐惧。乘务长将情况报告给机长后,机长经过慎重考虑,同意该男子中途下机,该男子的同伴也陪他一起下了飞机。

随后,飞机上剩下的百余名旅客重新下飞机过安检,空警将飞机客舱仔细搜查了一遍,同时飞机货舱中的100多件货物与行李都被重新卸下来进行安全检查,航班被迫延误了45分钟。乘务长事后表示,其实这起事件是可以避免的,这名男子的状况本来就是不适合乘机的,他自己也不愿意来乘机,但两名同伴热心过度,非得要拉他过来"练胆儿",结果"练胆儿"不成,反而诱发了他恐高症的加重,以至于到了情绪失控的地步。

(资料来源:《信息时报》)

三、紧急情况下的沟通与播音训练

紧急脱险播音训练

音频20

(一)紧急脱险播音训练

(1)紧急迫降通知

> 各位旅客:
> 　　正如机长所述,我们的飞机将在西安机场紧急迫降。飞机没有大的危险,全体机组成员受过严格、良好的训练,请大家听从乘务员的指挥。

(2)提示旅客取下身上尖锐物品

> 各位旅客:
> 　　为了保证您在撤离时的安全,请您取下身上的锋利物品,如手表、钢笔……

(3)安排客舱脱离区域

> 各位旅客:
> 　　现在我们将飞机上的紧急出口向您介绍一下,并将同时向您介绍一下客舱脱离区域的划分:
> 　　本架飞机有3处紧急出口,分别位于客舱的前部、中部、后部。
> 　　从第一排到第九排的乘客由前部登机门脱离。
> 　　从第十排到第十六排的乘客由中部登机门脱离。
> 　　第十七排到最后一排的旅客由后部登机门脱离。

(4)介绍防冲击安全姿势

> 各位旅客:
> 　　飞机紧急着陆时,一般会带有冲击,为了您的安全,现在我们向您介

> 绍防冲击安全姿势：当您听到乘务员喊"抱紧，防撞！"时，请您采取并保持这个姿势直到飞机完全停稳。下面请看乘务员示范"两臂交叉，紧抓前方座椅靠背，头俯下，两脚用力蹬地"动作。

（5）从乘客中寻找援助者

> 各位旅客：
> 　　为了做好紧急撤离工作，我们将在旅客中选择援助者，如果您是军人、警察、消防员、民航内部职工，请与乘务员联系。

（二）播音与沟通是可以相互转化的

播音与沟通并不是截然分开的，而是可以相互转化的。如飞机降落时，乘务长可根据需要决定是用播音设备还是口播形式，必要时可配合肢体动作。

📄 案例

播音与沟通的转化

飞机顺利降落，在跑道上慢慢滑行。客舱里再一次响起了乘务长那甜美的声音，不过这次，她没有用机载播音设备，而是站在和第一排平行的人行通道里，面向所有乘客说话，声音不大，但异常清晰："我代表本次航班的所有工作人员欢迎您乘坐××航空公司的班机，为本次航班的延误和一些服务不周到的地方，我们向您表示歉意并欢迎再次乘坐××航空公司的班机，再见。"说完，她深深地向乘客们鞠了一躬。乘客们都愣了一下，紧接着，客舱内响起了一阵突如其来却异常整齐划一的掌声。

（资料来源：民航资源网）

四、客舱服务与沟通的发展趋势

（一）优质的服务要把旅客的生命健康放在首位

进行客舱服务时，把旅客身体健康与生命安全放在首位，提醒旅客自觉遵守防范规定，有效控制危害范围，维护航空飞行秩序和稳定是十分必要的。

如流行病或疫情蔓延期间，旅客搭乘飞机要全程佩戴口罩，做好个人防护。但是，有的旅客认为其他旅客佩戴了口罩，自己无须再佩戴口罩，这对疫情防控是非常不利的。空乘人员应该向旅客耐心解释有关防疫规定，劝诫旅客佩戴口罩；如果旅客坚持不佩戴口罩，要向旅客讲明严重后果。如，乘务人员可以说："先生／女士，您好！为了确保您和他人的健康，请您佩戴好口罩。佩戴口罩可以为您的健康多筑起一堵防护墙。如果您佩戴口罩期间有任何不适症状，可以及时与我们沟通，我们将随时为您服务！"

（二）优质的服务没有绝对固定的内容和方式

因时变化、灵活应对的服务才会使人感到更贴心、更亲切。优秀的服务是及时的、自然的，而不是照本宣科。

如正常登机的常规性问候语是："您好，欢迎登机！"而遇到飞机延误后的问候语应随之变化："抱歉，让您久等了"或者是"谢谢您的耐心等待"。登机问候语的变化，是很细微的服务细节，尽管只有一些细心的乘客有所比较和感受，多数乘客是不注意的，但乘务员不能因为乘客的"粗心"而忽略自己的"细心"服务。

例如，某航班快到目的地时，飞机开始准备下降，客舱工作一切就绪，乘务员也系好了安全带，客舱后排的一个小男孩突然在爷爷怀里又闹又嚷。小男孩一刻也不停地叫，已经坐好的空乘人员这时应马上站起来询问孩子情况。如果小孩子需要上卫生间，而机长还没有通知停止使用卫生间，乘务员可以马上扶着爷孙俩到卫生间门口，快速打开已经锁闭的门。

📄 案例

南航细化服务措施　　提升乘客首次乘机体验

南方航空细化首乘旅客分类服务举措，着力提升无成人陪伴儿童和老人的首次乘机体验。开展"欢乐客舱　结交好友"活动，主动与首乘儿童沟通，将满足他们的好奇心和求知欲作为首乘服务的重要内容，注重增强航空知识讲解的趣味性；将航空安全须知和安全设备使用、克服空中颠簸作为老年旅客服务重点，并为首乘旅客制作"首次乘机记录卡"以纪念首次乘机。

长龙航空乘务组与首乘旅客互动并答疑解惑。向首乘旅客发放乘机出行温馨提示卡,卡片上介绍了不局限于航空出行方面的小知识。与旅客开展互动,主动邀请首乘旅客写下自己关于航空出行的问题,为首乘旅客答疑解惑并赠送纪念品,给首乘旅客的第一次出行留下美好的记忆,为首乘旅客的下次出行提供有效的帮助。

春秋航空开展客舱营销,助力乡村振兴。开展"风采乡村空中秀"活动,打造上海—甘肃庆阳乡村振兴主题航班,在客舱内开展南梁革命老区产品体验活动,将庆阳南梁地区最具代表性的农产品白瓜子、小米锅巴、沙棘汁等提供给旅客免费品尝并开展客舱营销,通过空中秀将特色农产品带往全国各地,既增加了旅客的飞行乐趣,也助力乡村振兴,让全国各地旅客借助客舱这一渠道了解西北、热爱西北。

(资料来源:《中国民航报》)

(三)优质的服务是适时的

优质服务并不意味着提供服务就要赢得客人的认可和满意,而是要最大限度地理解客人当下最需要的是什么。

如长途飞行乘客饮水较多,卫生间门口常常有几人排队的情景,空乘人员这时可微笑着对站在队伍尾端的乘客说:"先生,您先回到座位上等好吗?我会及时叫您。"乘务员的细心,不仅要体现在服务上,更要体现在安全上:在客舱里,如果大量客人离开座位,聚集一处,往往会使飞机重心偏离,形成航空安全隐患。

📄 案例

兼顾服务体验与安全保障

根据民航规章要求,在航班起飞、降落阶段,乘务员不能从事与安全无关的工作。规定本身能够更好地确保航程安全,但在有限的航班时间里,也可能带来机上送餐、旅客用餐时间不足的情形,兼顾服务体验与安全保障成为大难题。在两舱旅客众多、送餐因此需要较长时间的京沪航线上,如何兼顾这两点更是一大挑战。

当客舱乘务员送餐时，有些旅客恰好正在休息，自然不宜叫醒。但待他们醒来，可能已快到航班落地时间。这时候即使乘务员赶紧端来餐食托盘，旅客也未必能在要求收起小桌板前从容吃完。因此，东航近期在客舱送餐时完善了提前打包的服务模式：一旦乘务员发现距离航班下降已经没有太多时间，而有的旅客仍然小睡未醒，就会先把餐食放进打包袋里，同时在旅客面前的头片上贴上航班已经送过餐的提醒贴纸，方便旅客醒来后马上按呼唤铃，拿到打包的餐食，更方便地根据实际需要随时用餐。

（资料来源：《中国民航报》）

（四）优质的服务要注重细节

客舱中每一个服务细节，包括乘务员的每一个动作都是一种沟通，是航空公司形象的展现。现代人常讲"细节决定成败"，客舱服务的特色在于"人无我有，人有我优"。

如，同样是帮助顾客往行李箱里放行李，日本空姐可以做到以手把箱，关箱时尽量无声无息；同样是清扫卫生间，新加坡乘务员能够做到在乘客排队上洗手间的空隙快速地进入卫生间进行清理，保证洗手间镜面、台面、马桶座、地板干净清爽，没有异味。这些细节都是其服务过人之处。

夜晚航班，大多数乘客一上飞机就睡觉，也许有的乘客手里握着报纸就睡着了。乘务员送餐时，一般不要叫醒熟睡中的客人，而应调暗客人座位上方的阅读灯；尽量语气轻柔，低缓询问就餐乘客，甚至可以用手示意询问其他乘客需要什么餐食，继续进行供餐服务。送餐结束后空乘人员要在这些睡觉的乘客面前粘贴乘客休息提示卡："如果您醒来，请通知我们，我们会及时为您提供餐食。"粘贴乘客休息提示卡的同时，最好轻轻地为乘客盖上一条毛毯。

📄 案例

南航贵州空姐化身"苗姑娘"新春献美食

2016年春节，由贵阳飞往北京的南航贵州公司航班上，来了一群娇俏、美丽、活泼、优雅的"苗姑娘"。她们或头戴晶莹如雪、铮铮作响的苗族女性头冠，或身着古典端庄、婀娜多姿的秀美旗袍，为往来乘客在万米高空中推出了多种具有地方特色的空中服务，为乘客留下了新春佳节的美妙回忆。原来，她们是南航贵州分公司云鹭示范组的空中乘务员，通过为乘客提供贵州美食"辣子鸡"、表演特色茶艺、用"拍立得相机"为乘客留影等服务，精心打造"浓情贵航、匠心云鹭"的"讲究"文化。

（资料来源：中国民航网）

乘机小贴士

赏月航班

赏月航班，要想以最佳角度观赏月亮，座位选择确实有讲究。月亮东升西落，投影地球上的纬度在中国南边。因此，自东向西以及自北向南飞行的国内航班，客舱左侧靠窗是最佳赏月位置；自西向东以及自南向北飞行的国内航班，客舱右侧靠窗是最佳赏月位置。此外，应尽量避开机翼附近位置，因为机翼较宽，赏月视线易受遮挡。

（五）优质的服务应该更具活力

随着全球经济的发展和多元文化交流的增加，民航乘务员更要加强综合素质的培养，民航客舱服务也更应该富有特色、更有活力。航空公司应该鼓励和调动机组人员为乘客提供多元化的沟通服务，开展乘客所喜欢的服务是民航竞争的需要。如北美、亚洲一些航空公司客舱服务中，其空乘人员与乘客关系极为融洽，一路上有说有笑，这无疑是我国未来空乘服务沟通的发展方向。

📄 案例

国际国内著名航空公司的服务特点

新加坡航空强调"人"及"人所提供出来的服务"，做全球航空业"服务标准的定义者"及"全球获利率最好的航空公司"；阿联酋航空为旅客提供卓越服务，成为全球及西方偏爱的航空品牌，主打的特色是奢华、卓越；维珍航空为各个阶层的乘客提供最高质量的、最具新意的、最匹配机票价格的超值服务，服务特色是乐趣、创新、叛逆；汉莎航空为客人提供安全、可信、守时、高品质、极具技术竞争力和灵活创新的服务，服务态度严谨而厚实；荷兰航空致力于向乘客提供持续的、无微不至的高质量服务，以及可靠、舒适和个性化关怀；国泰航空致力于做一个优质服务领先者，及全球最令人景仰尊崇的航空公司，为客户提供完美的飞行体验。

（资料来源：根据《空运商务》《航空运输》期刊相关资料整理）

（六）迎接多元化的服务挑战

随着世界各国经贸往来的增加，商务、旅游人数的不断上升以及我国各地支线航线的陆续开通，民航空乘人员服务的内容和对象更加多元化。这对客舱服务人员提出了新的要求：外语口语、国内方言沟通要流畅，涉外礼仪及地方风情要了解，宗教礼仪要掌握，同时也要注意语言得体，对外宾和内宾要一视同仁。此外，未来即将推出的机上 Wi-Fi 和智能自助点餐服务，在便捷乘客的同时，也可能会提高乘务员沟通的复杂性和多样性。沟通中的"台上一分钟"是"台下十年功"的磨砺，平时知识的沉淀积累，服务的用心细致都会为一个优秀乘务员在服务中表现得游刃有余打下坚实的基础。

案例

万米高空的及时医疗救援

某航班升到 1 万米高空时，乘务员在后舱突然发现一位女乘客双唇紧闭，面色苍白，忙上前询问，原来该乘客的心脏病犯了。当乘务长把药品送去时，就听到有乘客喊道："她不行了！"乘务组立即调整乘客的座位，让病人平躺在座椅上，然后对病人采取了一系列急救措施：解开衣领、腰带，输氧，压虎口……乘务长拿起话筒通过广播寻找医生。

听到广播后，一名乘客走到患者跟前检查后说："我是医生，但没有药。经诊断，这位乘客是突发性心脏病，需要速效救心丸，不然后果不堪设想。"乘务员们又赶紧在客舱里向其他乘客求援，一位乘客把自备的速效救心丸送了过来，乘务员立即让乘客服下。几分钟后，乘客病情有所缓解，但生命仍处于垂危之中。

机长果断做出决定："飞机如果直飞曼谷要两个多小时，乘客的生命就有危险。此时飞机正处于昆明管制区,直飞昆明只要10多分钟,立即向昆明飞行管制区报告这一紧急情况,要求备降昆明机场。"10分钟后,飞机平稳地降落在昆明机场,早已守候在此的医护人员立即登上飞机对病人进行抢救。几分钟后,病人终于脱离危险,睁开了眼睛,参与抢救的医生们感慨地说:"再晚到几分钟,这病人恐怕就没救了……"

(资料来源:《天府早报》)

服务有框架来规范,服务有标准来约定,但任何一次优质的服务又有其特殊性,都是无法完全复制的,只有用心琢磨,才能提供适时、及时、令乘客满意的服务。"润物细无声",对于客舱服务来讲,这是一种境界,更是一种挑战。

[乘机常识7]

如何避免和减轻晕机症状

晕机严重的乘客,可采取以下预防措施避免和减轻晕机症状:

第一,乘机的前一天晚上,保证充足的睡眠和休息,以便第二天乘机有充沛的精力。

第二,应在飞机起飞前1小时(至少半小时)口服晕机宁。

第三,尽量挑选距发动机较远又靠近窗的座位,能减少噪声和扩大视野。

第四,在空中应尽量做一些集中精力的事和活动,如看书、聊天、听音乐等。

第五,保持空间定向是十分重要的。视线要尽量放远,看远处的云和山脉、河流,不要看近处的云。

第六,一旦发生晕机,在较轻的情况下,仍然不要中断集中精力的事和定向远眺;如果较重,应该安静、坐稳,最好是仰卧、固定头部。

第七,防止条件反射。发现与自己邻近的旅客有迹象要呕吐,应立即离开现场或避开视线。

📖 模拟训练

一、判断以下案例中沟通失误在什么地方

情节1：一个旅行团登上了某航班。其中一位老人看到自己座位上方的行李架上放满了东西（机载应急设备），就将行李架上的防烟面罩连同套子拿下，放在地板上，将自己的行李放在行李架上。乘务员发现后，未调查设备移动的原因，就直接报告乘务长，且报告内容过于简单，造成乘务长判断失误，认为情况失控。乘务长未再次确认就汇报给机长，机长接到报告后通报地面处理，最后该旅行团导游被带下飞机，造成航班延误52分钟。

提示：乘务员应先调查了解情况，在不能独自决定的情况下再报告给乘务长。而乘务长也要调查情况后再决定是否应汇报给机长。

情节2：某国际机场中一架飞机发生故障，辅助动力设备发生问题，飞机中的供暖和空调系统也失灵。这让150名乘客被困在"没有新鲜空气、没有空气流通，且婴儿一直在哭泣"的机舱中长达3个小时之久。航空公司称，飞机在滑行道上停留了3个小时是因为机场一直没有提供起飞空间。有乘客表示，空乘人员只给了每位乘客一杯饮料，并要求他们停留在座位上，不得使用厕所。

提示：当出现乘务组无法控制的延误、滞留时，乘务员必须用自身的努力去消除乘客的不满和抱怨。比如多注意观察乘客的情绪，多准备些湿毛巾递给乘客备用，多给乘客倒水等。

二、机上沟通训练

情节1：航班飞行过程中，你发现有一个旅客在厕所吸烟，你将如何处置？

提示：首先，用严肃的态度告诉这位旅客本次航班是禁烟航班，制止该旅客，并说明在飞机这样一个特殊的空间内吸烟会引发火灾。注意态度要平和，不可训斥旅客。

情节2：在飞机上，遇到一名旅客不停地提问，你将如何处置？

提示：首先，对旅客提出的问题要耐心细致地进行解答。旅客可能对有关飞机的一些问题产生好奇，这是可以理解的，在不影响自己工作的情况下，尽可能地回答旅客的提问。若影响到自己的工作，应向旅客说明，待工作处理完毕之后，再对他的问题进行解答。同时，可以在自己工作时先给他一些有关航空方面的书籍阅读，这样，既可以为他的旅途增添乐趣，又可以丰富知识。

情节3：在飞机上，遇到一位挑剔的旅客，不停地按呼叫铃，招呼空乘过来，提出很多要求，即使只为他一个人服务，都忙不过来，而这时工作中的搭档又有些懒惰，不来帮忙，你怎么办？

提示：首先，以良好的态度请你的搭档帮忙，并说明乘务组是一个整体，若服务不到位，对整个团队都会有影响。其次，在不影响其他工作的情况下，为该旅客提供良好的服务；若客舱很繁忙，可以先为该旅客提供一些报纸和杂志来阅读，同时告诉他，我们将尽最大的努力为他服务。

情节4：飞机上，一位外国乘客向乘务员提出一个要求，但由于这位外国乘客不会讲英语（当然也不会讲汉语），所有空乘人员一直不知道这位乘客有什么需要，外国乘客很着急，这时，空乘人员应如何做？

提示：耐心地用肢体语言或者用图画的方式尽力与他沟通，一直到明白他的需要为止。

情节5：飞行中，一位乘客向乘务员要一条毛毯，乘务员发现毛毯已经发完，没有了。而乘客态度又非常强硬，你该怎么办？

提示：跟这位旅客解释说："真的很抱歉，我们的毛毯已经发完了。要不我给您倒杯热水，您先暖暖身子，一会儿如有旅客退回来毛毯，我马上给您送过来。"

情节6：一般机舱的最后一排座位是不能调节的，一位乘客坐在最后一排，飞机平飞后，前排的乘客把座位调下来，影响到这位乘客的空间，该乘客要求前排把位置调到正常，遭到拒绝后让乘务员过来协调一下。如果你是乘务员，你该怎么办？

提示：首先巡视客舱看是否有空座位，如果有空座位可把这位旅客调过去，这样可以很好地避免两人的纠纷。如果航班客满，可以这样说："先生（女士），对不起，客舱后面的座位不是很舒适，我代表机组向您表示歉意！您后面的旅客座位是最后一排，椅背没办法向后靠，您看能不能把座椅靠背调直一下，出门在外，大家都互相关照一下，好吗？"

情节7：某航班因为特殊原因到达起飞机场晚点了，一名急于到武汉签订合同的旅客上机后显得十分焦灼。等待起飞时，突然又接到目的地机场天气变坏的消息，航班被迫要停留一夜再飞。该旅客情绪突然激动起来，言语也激动得近乎无礼，这时乘务员怎样沟通为好？

提示：一定要微笑着倾听，并对旅客致以真诚的歉意，表示理解旅客此时的焦急心情。

情节8：乘务员在客舱巡视时，观察到有一排座位坐着一家三口和一位单独出行的旅客，一家三口的婴儿在母亲的怀抱里熟睡着。乘务员想，如果把坐在旁边的那名旅客调开，孩子就可以平躺下来，这样不仅孩子能休息得更好，母亲也不用那么劳累了。乘务员走上前跟旁边的这位旅客客气地协商："先生，您看，这位母亲抱着孩子太辛苦了，今天航班中还有空座位，我帮您调换一下，可以吗？"你认为这种沟通效果好吗？

提示：在客舱服务中，我们面对一些问题的处理和解决时，先确立好真正的沟通主体，换位思考想到对方的需求点，那么在问题的处置中可能就会达到事半功倍的效果。沟通时可以这样说："先生，旁边这位母亲抱着孩子，你们坐得都比较挤，今天航班中还有空座位，我帮您调换一下，您可能会休息得更好些，您愿意吗？"在问题的处理中多了一些换位思考，将沟通的需求主体由母亲换成了旁边的这位旅客，效果会更好。

情节9：某延误航班，旅客在地面等了几个小时后，终于上机了，乘务员歉意地问候道："您好，让您久等了。"乘客接口回道："好什么好，你们还知道久啊，怎么补偿我，你们必须给个解决方案！"你觉得这个问候是否妥当？

提示："您好"这个词出现在上面的语境里，容易让旅客感受到是置身于程序化的问候，易招反感；其次"久"字的出现易让旅客压抑较久的不满情绪借题发挥出来。不妨尝试变换主题，转移注意力，用"十分抱歉、谢谢您的等候、您辛苦啦、感谢您的乘坐、谢谢您的理解和支持、小朋友的表现好乖哦……"这样的问候语，尤其针对一些父母旅客，他们发脾气的原因常常是觉得自己的小孩受苦了，所以此时将用词的关注点放在孩子身上可能更好些。

附录
其他国家航空公司
客舱服务特点概述

一、美国西南航空公司

美国航空公司的空乘人员相对国内情况来讲年纪偏大,男性偏多,对外貌和发型的要求也没有国内高,而且在美国境内航班飞行途中,基本上没有正餐(通常指经济舱),会免费发饮料和一小袋零食。相比较而言,空乘人员和乘客之间的交流更自然亲切,甚至有些年纪大的乘务员会与乘客有些小调侃。印象比较深刻的是西南航空,相比其他航空公司,乘务员着装和服务更加规范,而且在行李托运上,西南航空几乎是美国唯一给乘客免费托运一件行李的航空公司。在细节上,西南航空也做得很好。空乘人员认真细致,目光会直视乘客,微笑沟通,语言简洁,很亲切。而且在饮料杯上和餐巾纸上,往往会有温馨的广告语(见下图)。

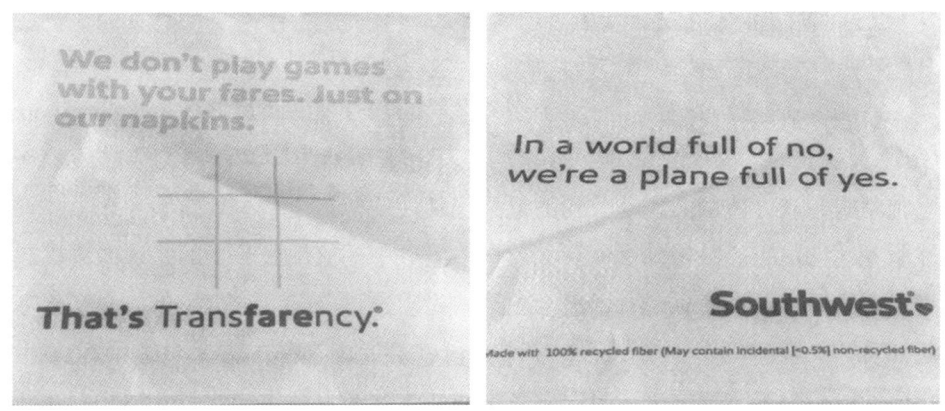

二、日本全日空航空

以安全运输、贴心服务为其核心精神，其待客之道是"永远走在客人的前面一步"。日航时间观念很强，确保航班不误点。一旦飞机延误，机长及乘务长会用几种语言每十分钟左右就播报一次航班状况。乘务员在等待的时间会向乘客提供果汁，并向乘客鞠躬道歉。平时的客舱服务也是细致入微，乘务员善于观察，在乘客尚未发现自己的需求前，先替客人设想好，然后提早把服务准备好。

三、韩国大韩航空公司

韩国空乘人员基本是女性，一般要求具备良好的身体与心理素质。除去起飞降落、睡觉时间，空乘人员会一直忙个不停。最重要的是她们一直保持着高度的热情，看不到任何松弛与懈怠。不仅仅是对待旅客，韩国空姐对待同事也和善礼貌，来来往往见面必是热情招呼或是小声玩笑，富有团结协作精神。此外，空乘人员要求具备一定的英语能力。韩国航空比较看重空乘人员的外形，要求五官端正，身材匀称，举止端庄，微笑甜美，语言流畅，气质较好，有较强的亲和力，肤色健康。

四、新加坡航空公司

新加坡航空公司的空姐有一个享誉世界的称号——新加坡女孩（Singapore Girl），给人的印象是：优雅与好客。尤其身着由蜡防印花布料制成的纱笼卡巴雅制服，成为新加坡航空公司的最具识别性的标志之一。新航服务理念：人性服务、增值服务、精确服务。如其增值服务中的流动服务指的是，在班机起飞和抵达时间发生变更时，新航会在第一时间通过电邮、手机短信与文字传呼通知客户。注重细节：登机后，空乘人员就会递上温热的湿毛巾让乘客擦手；飞夜间航班时，乘客醒来后，空乘人员往往主动递上温水，非常人性化。在新加坡航空，允许客人提前24小时预订自定义点餐。

后记
服务意识高于一切

真正的服务源自良好服务意识的自然流露。

在多年的面试考官生涯中，笔者接触过很多前来应试的学生，很漂亮，但缺少一种让你信任的内在东西；在乘机时也见到很多已经走上工作岗位的空乘人员，他们的举止言谈一看就知道是训练有素，但却不能给人很愉悦的感觉，这很大程度上是由于他们过于关注自我，内心缺乏服务意识，不会自然地微笑、不会有效地沟通，甚至不会使用肢体语言来传达出他们的友好。可能在与你说话时，他们表情是微笑的，但表情转瞬即逝，当你再回过头去看，其笑容早已消失，眼神冷漠，一副拒人于千里之外的感觉。这只能说他们具备了职业化的微笑，而不是具备了服务意识，这绝不是一个真正意义上的合格的服务人员。

内涵、阅历和年龄是服务行业重要的影响因素。在加强现有在职人员服务意识培训的同时，也真诚期盼我国民航服务业能真正打破年龄、容貌的限制，让更多具有亲和力和服务意识的人员有机会加入空乘服务大军中来。同时，相关培养空乘人才的高校也要相应在培养礼仪技巧的同时，多充实学生的管理学和心理学知识，共同为我国民航事业的人才培养奠定坚实的基础，共同营造出放心、舒心的客舱服务环境。

细节决定成败。对于民航企业来说，服务是企业生存的命脉，民航企业的管理制度应更加追求精细化，追求细致、卓越。而对于飞机客舱这一微环境来说，只有把服务更加细微化、特色化、民族化，用心、用情、用爱的沟通服务于各国乘客，我国民航服务业的竞争力才会真正提高。

编者　刘晖

2022 年 10 月

图书在版编目（CIP）数据

空乘服务沟通与播音技巧 / 刘晖，梁悦秋编著. --6版. -- 北京：旅游教育出版社，2022.12
民航空中乘务专业系列教材
ISBN 978-7-5637-4381-0

Ⅰ. ①空… Ⅱ. ①刘… ②梁… Ⅲ. ①民用航空－旅客运输－商业服务－教材 Ⅳ. ①F560.9

中国版本图书馆CIP数据核字(2022)第004601号

辽宁省职业教育"十四五"首批规划教材
民航空中乘务专业系列教材

空乘服务沟通与播音技巧
（第6版）

刘　晖　梁悦秋　编著

策　　划	李红丽
责任编辑	李红丽
出版单位	旅游教育出版社
地　　址	北京市朝阳区定福庄南里1号
邮　　编	100024
发行电话	（010）65778403　65728372　65767462（传真）
本社网址	www.tepcb.com
E - mail	tepfx@163.com
排版单位	北京旅教文化传播有限公司
印刷单位	天津雅泽印刷有限公司
经销单位	新华书店
开　　本	710毫米×1000毫米　1/16
印　　张	13
字　　数	175千字
版　　次	2022年12月第6版
印　　次	2022年12月第1次印刷
定　　价	35.00元

（图书如有装订差错请与发行部联系）